버전업!
주니어 중국어
붐붐

동양북스

초판 7쇄 발행 | 2019년 1월 10일

지은이 | 편집부
발행인 | 김태웅
편집장 | 강석기
편   집 | 정지선, 김다정
디자인 | 방혜자, 김효정, 서진희
마케팅 총괄 | 나재승
마케팅 | 서재욱, 김귀찬, 오승수, 조경현, 양수아, 김성준
온라인 마케팅 | 김철영, 양윤모
제   작 | 현대순
총   무 | 김진영, 안서현, 최여진, 강아담
관   리 | 김훈희, 이국희, 김승훈

발행처 | 동양북스
등   록 | 제10-806호(1993년 4월 3일)
주   소 | 서울시 마포구 동교로 22길 12 (04030)
전   화 | (02)337-1737
팩   스 | (02)334-6624

http://www.dongyangbooks.com

ISBN 978-89-8300-626-4 13720

**여는 글**

# 이 책은 이렇게 만들었어요

어른들도 어려워하는 중국어,
어른과 같은 방법으로 아이들이 배울 수 있을까요?
이번 주니어 붐붐의 개정판은 '기본 표현과 확장 표현 학습'이라는 큰 틀을 유지하면서 아이들 눈높이에 맞는 시각적 · 청각적인 업그레이드를 통해 중국어를 더욱 신나고 재미있게 학습하는 데 주안점을 두었습니다.

처음 배우는 아이들의 적정 학습 분량과 교과 진도를 생각해서 12과로 다시 엮은 〈버전업! 중국어 주니어 붐붐 둘〉의 네 가지 특징은 다음과 같습니다.

첫째, 아이들 눈높이에 맞춘 상황으로 회화문을 구성했습니다. 과마다 회화의 배경을 두 가지로 수록하고 각각 재미있는 상황 설명을 덧붙였습니다. 아이들 주변에서 흔히 일어날 수 있는 상황이므로, 아이들이 회화 내용을 쉽게 이해하고 공감할 수 있습니다.
둘째, 주제별로 다양한 표현을 수록하였습니다. 1권에서는 '중국어로 인사하기'라는 주제로 중요한 인사말은 물론 회화에 꼭 필요한 핵심 단어와 기초 표현을 익혔습니다. 2권에서는 '중국어로 말하기'라는 주제로 일상 생활에 자주 사용되는 다양한 표현을 배울 수 있습니다.
셋째, 여러 가지 단어를 사용해서 문형을 익힐 수 있습니다. 빠른 시간 내에 중국어를 잘하고 싶다면 문장을 통으로 암기하고 반복해서 훈련하는 것이 가장 중요합니다. 본문 회화에 들어가기 전에 4가지 핵심 대화를 배우고, 핵심 대화의 단어를 바꿔 가며 충분히 반복 · 암기할 수 있도록 구성했습니다.
넷째, 본문 학습 후 체계적으로 확인하고 평가할 수 있습니다. 연습문제에서 듣기, 말하기, 쓰기의 네 영역을 골고루 훈련할 수 있으며, 미로 찾기 · 주사위 던지기 등의 다양한 게임을 통해 본문에서 학습한 내용을 확인할 수 있도록 구성했습니다.

새로 단장한 〈버전업! 중국어 주니어 붐붐〉을 통해 많은 중국어 학습자들이 중국어의 재미에 푹 빠지게 되길 기대합니다.

# C o n t e n t s

## 차례

# 이 책의 구성과 특징

### 이번 과에서는요
각 과의 주제와 관련된 핵심 대화를 그림과 함께 보여 줍니다. 본격적인 본문 학습에 들어가기 전에 공부할 내용을 미리 엿볼 수 있습니다.

### 알아 보자!
본문과 연관된 주제의 단어들을 그림과 함께 보여 주므로, 쉽고 재미있게 단어의 활용 범위를 넓힐 수 있습니다.

### 예습하자
본문 회화 중에서 핵심 구문이 포함된 4개의 대화를 뽑아서 미리 예습하면 본문이 훨씬 쉽습니다. 핵심 구문을 충분히 연습할 수 있도록 교체할 수 있는 단어를 그림과 함께 수록했으며, 꼭 알아야 할 어법 사항은 밑에 간단하게 설명했습니다.

### 회화
두 가지 상황의 실용 회화를 담았습니다. 대화를 시작하기 전 현실에 딱 맞는 상황 설명으로 학습자들의 이해를 도와줍니다. 새로 나오는 단어는 바로 밑에 모아 한눈에 찾아볼 수 있습니다.

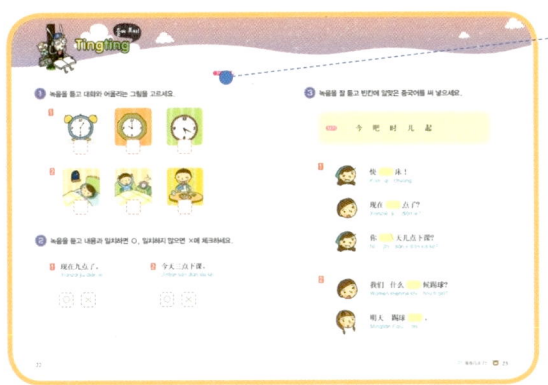

## 들어 보자!

녹음과 어울리는 그림을 고르는 문제,
문장의 옳고 그름 판단하는 O, X 문제,
대화를 듣고 빈칸에 중국어를 써 보는
문제 등을 수록하여 다양한 방법으로 듣고
이해하고 쓰는 능력을 키워 줍니다.

## 말해 보자!

제시된 그림을 이용해서 대화를 만들고
한국어를 보고 중국어로 말해 보는
문제들을 통하여 본문을 자연스럽게 몽땅
외울 수 있습니다.

## 놀아 보자!

매 과마다 수록된 주사위 던지기, 미로
찾기 등의 다양한 게임을 통해 배운
내용을 친구들과 함께 놀면서 복습할 수
있습니다.

## 단어 카드

게임에서 이기는 열쇠는 뒤에 수록된 단어
카드에 있습니다.

# 한눈에 보는 과별 학습 내용

이 책의 각 과별 학습 내용을 정리했습니다. 핵심 대화를 배우고, 그림과 함께 단어를 먼저 공부한 다음 다양한 단어를 활용해서 핵심 문형을 충분히 연습하는 것이 좋습니다.

| 주제 | 핵심 대화 | 학습 목표 | 그림 단어 |
|------|-----------|-----------|-----------|
| **1과**<br>시간 | A 现在几点了？<br>B 八点了。 | · 几点을 사용해서 시간 묻고 답하기 | 시간 – 1시 ~ 12시 |
| **2과**<br>장소 | A 你去哪儿？<br>B 我去文具店。 | · 在를 사용해서 장소와 목적지 묻고 답하기<br>· 앞, 뒤 등 위치 말하기<br>· 要의 용법 익히기 | 집의 구조와 가구 – 방, 거실, 화장실, 주방, 소파, 책상, 의자, 문, 창문 |
| **3과**<br>위치 | A 请问, 地铁站怎么走？<br>B 往前走。 | · 사는 곳 묻고 답하기<br>· 길의 방향 설명하기<br>· 멀고 가까운 거리 묻고 답하기 | 다양한 장소 – 학교, 은행, 우체국, 슈퍼마켓, 서점, 제과점, 문방구, 백화점, 영화관 |
| **4과**<br>날짜 | A 你生日是几月几号？<br>B 我生日是七月二十二号。 | · 날짜와 요일 묻고 답하기<br>· 주말 등 특정한 날의 계획 묻고 답하기 | 명절과 기념일 – 설날, 어린이날, 어머니날, 스승의날, 추석, 크리스마스, 여름방학, 겨울방학, 휴일 |
| **5과**<br>날씨 | A 今天天气真好！<br>B 今天天气怎么样？ | · 날씨와 계절 표현 익히기<br>· 좋아하는 계절과 그 이유 묻고 답하기 | 사계절과 날씨 – 봄, 여름, 가을, 겨울, 따뜻하다, 시원하다, 덥다, 춥다, 비오다 |
| **6과**<br>신체 | A 你哪儿不舒服？<br>B 好像感冒了。 | · 신체 부위 익히기<br>· 상태의 변화를 나타내는 了 사용하기<br>· 자세한 병의 증세 묻고 답하기 | 신체 부위 – 머리, 얼굴, 눈, 코, 입, 귀, 손, 등, 배, 엉덩이, 다리, 발 |

| 주제 | 핵심 대화 | 학습 목표 | 그림 단어 |
|---|---|---|---|
| **7과**<br>감정 | A 你很伤心吧？<br>B 很伤心。 | · 자신의 감정을 표현하고 그 이유까지 답하기<br>· 추측의 어기조사 吧 사용하기 | 여러 가지 감정 – 기쁘다, 즐겁다, 졸리다, (기분이) 좋지 않다, 화나다, 걱정하다, 슬프다, 놀라다, 괴롭다 |
| **8과**<br>상태 | A 怎么样？<br>B 有点儿小。 | · 크기, 길이 등 사물의 속성을 익히기<br>· 자주 사용하는 사물의 양사 배우기<br>· 得를 사용해서 정도를 표현하기 | 사물의 상태 – 크다, 작다, 길다, 짧다, 가볍다, 높다, 낮다, 두껍다, 얇다 |
| **9과**<br>진행 | A 你正在干什么？<br>B 我正在学习呢。 | · 正在, 呢를 사용하여 현재 진행형으로 묻고 답하기<br>· 정반의문문 연습하기<br>· 여러 가지 동작 표현 익히기 | 여러 가지 동작 – 노래 부르다, 춤추다, 그림 그리다, 음악 듣다, 영화 보다, TV 보다, 책 읽다, 사진 찍다, 피아노 치다, 바이올린 켜다, 태권도 하다, 요리하다 |
| **10과**<br>경험 | A 你去过博物馆吗？<br>B 去过一次。 | · 了, 过를 사용해서 과거의 경험을 묻고 답하기 | 세계 여러 나라 도시 – 서울, 베이징, 상하이, 홍콩, 워싱턴, 런던, 파리, 베를린, 도쿄 |
| **11과**<br>미래 | A 快要放暑假了！<br>B 太好了！ | · 快要…了를 사용해서 가까운 미래를 표현하기<br>· 앞으로의 계획 묻고 답하기 | 학교와 수업에 관련된 단어 – 학교, 교실, 선생님, 학생, 수업하다, 수업을 마치다, 영어, 한국어, 수학 |
| **12과**<br>능력 | A 你能吃辣的吗？<br>B 我很能吃辣的。 | · 会, 能을 사용해서 능력 표현하기<br>· 下去의 용법 익히기 | 여러 가지 맛 – 음식, 먹다, 달다, 짜다, 시다, 맵다, 쓰다, 싱겁다, 느끼하다 |

 ## 중국어 단어의 성질을 알아 봐요

**명사**
사물의 이름을 나타내는 단어

桌子 zhuōzi 책상 　　　鞋子 xiézi 신발 　　　书 shū 책

**고유명사**
특정한 사람·지역·나라·책 이름 등을 나타내는 단어

哈哈 Hāha 하하 　　　北京 Běijīng 베이징 　　　韩国 Hánguó 한국

**대사**
모르는 사람이나 사물을 말하거나 구체적인 사람·사물 등을 대신해서 가리키는 단어

谁 shéi 누구 　　　她 tā 그 사람(여자) 　　　这 zhè 이, 이것

**동사**
동작을 나타내는 단어

看 kàn 보다 　　　听 tīng 듣다 　　　写 xiě 쓰다

**조동사**
동사 앞에서 동사의 의미를 도와주는 단어

能 néng 할 수 있다 　　　会 huì 할 줄 알다 　　　要 yào ~하려고 한다

**형용사**
사람이나 사물·동작의 상태를 나타내는 단어

大 dà 크다 　　　辣 là 맵다 　　　冷 lěng 춥다

**부사**
동사나 형용사를 꾸며 주는 말로 동작이나 상태의 정도·시간·횟수·부정 등을 나타내는 단어

快要 kuàiyào 곧 　　　很 hěn 매우 　　　不 bù ~이 아니다

**전치사**
명사 앞에 쓰여 동작의 방향이나 대상·시간·장소를 이끌어내는 단어

离 lí ~에서 　　　往 wǎng ~로 　　　跟 gēn ~와

**조사**
단어나 문장 뒤에서 부가적인 의미를 나타내는 단어

吧 ba ~하자 　　　了 le ~했다 　　　的 de ~의

| 수사 | 수를 나타내는 단어 | | |
|---|---|---|---|
| | 二 èr 2 | 一百 yìbǎi 100 | 十 shí 10 |

| 양사 | 한 개, 한 번처럼 각종 사물 또는 동작의 횟수를 세는 단위 | | |
|---|---|---|---|
| | 个 gè 개 | 本 běn 권 | 次 cì 번 |

| 접속사 | 앞뒤 단어나 문장을 연결하는 단어 | | |
|---|---|---|---|
| | 要是 yàoshi 만약에 | 因为 yīnwèi 왜냐하면 | 那么 nàme 그러면 |

| 감탄사 | 놀라움이나 느낌을 나타내는 단어 | | |
|---|---|---|---|
| | 啊 à 아! | 哦 ò 오! | 喂 wèi 어이, 여보세요 |

 남자 둘! 여자 둘! 주인공 소개

**哈哈** Hāha

**하하**

덤벙대는 장난꾸러기 하하는
친구를 챙기는 '의리파'예요.

**美美** Měimei

**미미**

단발 머리의 귀여운 미미는
정 많고 따뜻한 마음씨를
가졌어요.

**拉拉** Lāla

**라라**

상냥하고, 명랑한 라라는
놀이도 열심히, 공부도
열심히 해요.

**东东** Dōngdong

**동동**

공부하는 재미에 푹 빠진
동동은 책 읽는 것도
좋아해요.

이 책의 주인공들은
모두 12살, 초등학교
5학년 학생이에요.

# Lesson 01

# 现在几点了?

지금 몇 시니?

CD 1 Track-01

**이번 과에서는요**

지금 몇 시인지, 언제 무엇을 하는지 중국어로 시간에 관해 묻고 답하는
방법을 배웁니다.

八点了。
Bā diǎn le.

现在几点了?
Xiànzài jǐ diǎn le?

# Kan kan

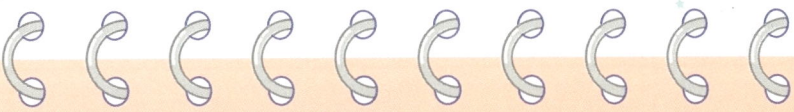
1시부터 12시까지는 중국어로 뭘까요?

| | | |
|---|---|---|
|  |  |  |
| 一点 yī diǎn 1시 | 两点 liǎng diǎn 2시 | 三点 sān diǎn 3시 |
|  |  |  |
| 四点 sì diǎn 4시 | 五点 wǔ diǎn 5시 | 六点 liù diǎn 6시 |
|  |  |  |
| 七点 qī diǎn 7시 | 八点 bā diǎn 8시 | 九点 jiǔ diǎn 9시 |
|  |  |  |
| 十点 shí diǎn 10시 | 十一点 shíyī diǎn 11시 | 十二点 shí'èr diǎn 12시 |

**Tip** 2시는 二点 èr diǎn이 아니라 两点 liǎng diǎn이라고 말합니다.

**01**

A　Xiànzài jǐ diǎn le?
　　现在几点了?　　지금 몇 시예요?

B　Bā diǎn le.
　　八点了。　　8시야.

시간을 물을 때는 几点 jǐ diǎn이라는 표현을 사용합니다. 几는 '몇', 点은 '시'라는 뜻이므로 '몇 시입니까?'라는 의미가 됩니다. 여기에 시간의 변화를 나타내는 了 le가 문장 끝에 붙으면 '몇 시가 되었나요?'라는 의미를 나타냅니다. 시간을 표현하는 방법을 연습해 봅시다.

十点
shí diǎn
10시

五点二十(分)
wǔ diǎn èrshí (fēn)
5시 20분

一点三十(分) = 一点半
yī diǎn sānshí (fēn) = yī diǎn bàn
1시 30분 = 1시 반

十一点
shíyī diǎn
11시

**Tip** 시간은 点(시), 分(분)의 순서로 말하는데, 맨 끝에 붙는 分(분)은 종종 생략합니다.

**02**

A 你今天几点下课?
Nǐ jīntiān jǐ diǎn xià kè?
너 오늘 몇 시에 수업을 마치니?

B 两点下课。
Liǎng diǎn xià kè.
두 시에 수업을 마쳐요.

이번엔 '몇 시에 무엇을 하니?'라는 문장을 만들어 봅시다. 几点 + 下课처럼 几点 다음에 동사를 씁니다. 대답은 几点 자리에 시간을 넣어 [시간 + 동사] 순서로 말하면 됩니다.

吃饭
chī fàn
밥을 먹다

起床
qǐ chuáng
일어나다

睡觉
shuì jiào
잠자다

上课
shàng kè
수업하다

**03**

**A** Wǒmen shénme shíhou tī qiú?
我们什么时候踢球?  우리 언제 축구 하지?

**B** Míngtiān tī qiú ba.
明天踢球吧。  내일 축구 하자.

'몇 시'라는 구체적인 시각을 물을 때는 几点을 쓰는데, '언제'라는 특정한 때나 시기를 물을 때는 什么时候 shénme shíhou를 씁니다. 그리고 B 문장처럼 끝에 어기조사 吧를 쓰면 '~하자'라는 제안의 의미를 나타냅니다. 다양한 활동을 대입해서 연습해 봅시다.

玩儿
wánr
놀다

见面
jiàn miàn
만나다

看电影
kàn diànyǐng
영화 보다

游泳
yóu yǒng
수영하다

**04**

A 　Hǎo,　nàme míngtiān jiàn ba.
好，那么**明天**见吧。좋아, 그럼 내일 만나자.

B 　Míngtiān jiàn!
明天见！내일 만나!

A 문장에서 **那么 nàme**는 '그러면'이라는 뜻을 가진 접속사입니다. '만나다'라는 뜻의 동사 **见 jiàn**과 '~하자'라는 뜻의 **吧**가 만나면 '만나자'라는 의미가 됩니다. 시간을 나타내는 단어들을 사용해서 연습해 봅시다.

上午
shàngwǔ
오전

下午
xiàwǔ
오후

晚上
wǎnshang
저녁

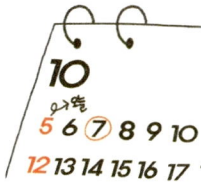

后天
hòutiān
모레

CD 1 Track-03

**1**

> 새 학년 새 학기 첫날, 하하는 새 옷을 입고 등교하고 있었어요.
> 그런데 머리 위에서 누군가 부르는 소리가 들려요.
> "하하야, 일어나! 하하야!"

妈妈: **快起床！**
māma  Kuài qǐ chuáng!

哈哈: **现在几点了？**
Hāha  Xiànzài jǐ diǎn le?

妈妈: **八点了。**
Bā diǎn le.

**(哈哈跑出去)**
(Hāha pǎochūqu)

妈妈: **你今天几点下课？**
Nǐ jīntiān jǐ diǎn xià kè?

哈哈: **两点下课。**
Liǎng diǎn xià kè.

**2**

우리 학교 최고 개구쟁이 (하하)하하와 말괄량이 (라라)라라의 반가운 재회!
긴 방학을 마치고 다시 만난 두 사람은 오랜만에
축구 시합을 하기로 했답니다.

哈哈: **我们什么时候踢球？**
Hāha  Wǒmen shénme shíhou tī qiú?

拉拉: **明天踢球吧。**
Lāla  Míngtiān tī qiú ba.

哈哈: **好，那么明天见吧。**
Hǎo, nàme míngtiān jiàn ba.

拉拉: **明天见！**
Míngtiān jiàn!

CD 1 **Track-04**

 **단어와 낱말**

快 kuài **부** 빨리

起床 qǐ chuáng **동** 일어나다

现在 xiànzài **명** 지금

几 jǐ **수** 몇

点 diǎn **명** 시

跑 pǎo **동** 뛰다

出去 chūqu 나가다 [안쪽에서 바깥쪽으로 멀어짐]

今天 jīntiān **명** 오늘

下课 xià kè **동** 하교하다

什么 shénme **대** 무엇, 어떤

时候 shíhou **명** 시간, 때

踢球 tī qiú **동** 공을 차다, 축구 하다

明天 míngtiān **명** 내일

吧 ba **조** ~하자 [제안이나 가벼운 명령의 어기조사]

那么 nàme **접** 그러면

见 jiàn **동** 보다, 만나다

 녹음을 듣고 대화와 어울리는 그림을 고르세요.

CD 1 Track-05

**1**

**2**

**2** 녹음을 듣고 내용과 일치하면 O, 일치하지 않으면 ✕에 체크하세요.

**1** 现在九点了。
Xiànzài jiǔ diǎn le.

**2** 今天三点下课。
Jīntiān sān diǎn xià kè.

22

**3** 녹음을 잘 듣고 빈칸에 알맞은 중국어를 써 넣으세요.

　　　今　吧　时　几　起

**1**

快 ☐ 床！
Kuài qǐ chuáng!

现在 ☐ 点了?
Xiànzài jǐ diǎn le?

你 ☐ 天几点下课?
Nǐ jīn tiān jǐ diǎn xià kè?

**2**

我们 什么 ☐ 候踢球?
Wǒmen shénme shí hou tī qiú?

明天 踢球 ☐ 。
Míngtiān tī qiú ba.

① 다음 그림을 보고 대화를 만들어 보세요.

**1**

A 现在几点了?
　Xiànzài jǐ diǎn le?

B 　　　　　　了。
　Wǔ diǎn èrshí (fēn) le.

**2**

A 你今天几点 　　　　　　?
　Nǐ jīntiān jǐ diǎn　qǐ chuáng?

B 七点 　　　　　　。
　Qī diǎn　qǐ chuáng.

**3**

A 我们什么时候 　　　　　　?
　Wǒmen shénme shíhou kàn diànyǐng?

B 明天 　　　　　　吧。
　Míngtiān　kàn diànyǐng　ba.

**2** 한국어를 중국어로 바꾸어 큰 소리로 말해 보세요.

**1**  A  지금 몇 시예요?

  B  8시야.

  A  너 오늘 몇 시에 수업을 마치니?

  B  두 시에 수업을 마쳐요.

**2**  A  우리 언제 축구 하지?

  B  내일 축구 하자.

  A  좋아, 그럼 내일 만나자.

  B  내일 만나!

Finish

Go!

# 주사위를 던져 티피를 먼저 정복해요!

옛날 인디언이 살던 집이래요.

## 게임 방법

1. 주사위를 던져 나온 숫자만큼 이동합니다.
2. 시계 그림이 있는 곳에서는 해당 시간을 중국어로 말하고 게임노트에서 그 시간을 찾아 줄을 연결합니다.
3. 만일 그림을 보고 시간을 잘못 말하거나 그림과 중국어를 잘못 연결했을 경우에는 이동한 자리에서 원래 있던 자리로 되돌아가야 합니다.
4. 먼저 티피 꼭대기에 도착하는 쪽이 이기는 게임입니다.

## 게임노트

A · ❶ 四点
B · ❷ 一点
C · ❸ 七点
D · ❹ 九点
E · ❺ 六点
F · ❻ 十二点

# 02

# 你去哪儿?

어디 가니?

**이번 과에서는요**

어디에 있는지, 어디에 가는지, 어디에 가서 무엇을 하는지 등 장소에 관한 다양한 표현을 배웁니다.

你去哪儿?
Nǐ qù nǎr?

我去文具店。
Wǒ qù wénjùdiàn.

집의 구조와 가구들은 중국어로 뭘까요?

房间 방
fángjiān

客厅 거실
kètīng

厕所 화장실
cèsuǒ

厨房 주방
chúfáng

沙发 소파
shāfā

桌子 책상
zhuōzi

椅子 의자
yǐzi

门 문
mén

窗户 창문
chuānghu

**01**

Bàba zài nǎr?
A 爸爸在哪儿? 아빠는 어디 계세요?

Tā zài cèsuǒ.
B 他在厕所。 화장실에 계셔.

在 zài는 '~에 있다'라는 뜻의 동사예요. 哪儿 nǎr은 '어디'라는 뜻이니까 在哪儿?이라고 하면 '어디에 있니?'란 의미가 됩니다. 대답은 在 뒤의 哪儿 자리에 장소를 넣어서 말합니다. '~에 있다'라는 구문을 연습해 봅시다.

房间
fángjiān
방

客厅
kètīng
거실

厨房
chúfáng
주방

家
jiā
집

**02**

A 遥控器在哪儿?
*Yáokòngqì zài nǎr?*
리모컨은 어디에 있어요?

B 遥控器在电视上面。
*Yáokòngqì zài diànshì shàngmian.*
리모컨은 텔레비전 위에 있어.

앞에서 장소를 가리키는 표현을 배웠어요. 그렇다면 위·아래·앞·뒤·옆과 같이 구체적인 위치는 어떻게 나타낼까요? 在 zài 뒤에 기준이 되는 사물이나 건물 이름을 쓰고, 그 뒤에 방향을 써서 나타내면 됩니다.

**前边**
qiánbian
앞쪽

**后边**
hòubian
뒤쪽

**旁边**
pángbiān
옆쪽

**下边**
xiàbian
아래쪽

**03**

A **你去哪儿?** 너 어디 가니?
Nǐ qù nǎr?

B **我去文具店。** 난 문방구에 가.
Wǒ qù wénjùdiàn.

去 qù는 '~에 가다'라는 뜻의 동사입니다. 哪儿 nǎr은 '어디'라는 뜻이니까 去哪儿？
이라고 하면 '어디에 가니?'란 의미가 됩니다. 대답은 去 뒤에 장소를 넣어서 말합니다.
'~에 간다'라는 구문을 연습해 봅시다.

学校
xuéxiào
학교

图书馆
túshūguǎn
도서관

商店
shāngdiàn
상점

厕所
cèsuǒ
화장실

**04**

A **你去文具店买什么?**
Nǐ qù wénjùdiàn mǎi shénme?
문방구에 가서 무엇을 살 거니?

B **要买一套蜡笔。**
Yào mǎi yí tào làbǐ.
크레파스 한 세트를 살 거야.

A 문장에서는 '去 qù (어디에 간다)'와 '买 mǎi (어떤 물건을 산다)'라는 두 가지 동작이 연속으로 일어납니다. 이럴 때는 일어나는 동작의 순서대로 동사를 써 주면 됩니다. 그리고, 要 yào는 '~을 하려고 하다'라는 뜻입니다. 여러 가지 사물을 넣어서 연습해 봅시다.

**(一支)活动铅笔**
(yì zhī) huódòng qiānbǐ
샤프펜슬 (한 자루)

**(一个)橡皮**
(yí ge) xiàngpí
지우개 (한 개)

**(三本)笔记本**
(sān běn) bǐjìběn
공책 (세 권)

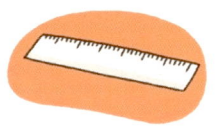

**(一个)尺子**
(yí ge) chǐzi
자 (한 개)

**Tip** 중국어는 사물 앞에 자루, 개, 권 등과 같이 그 사물을 세는 단위가 붙을 때가 많아요. 이렇게 물건을 세는 단위를 '양사'라고 합니다.

**1**

하하가 학원에 갔다가 집에 돌아왔어요.
현관에 아빠 신발은 있는데 아빠는 어디에 계실까요?

| 哈哈: | 爸爸在哪儿? |
|---|---|
| Hāha | Bàba zài nǎr? |

| 妈妈: | 他在厕所。 |
|---|---|
| māma | Tā zài cèsuǒ. |

| 哈哈: | 遥控器在哪儿? |
|---|---|
| | Yáokòngqì zài nǎr? |

| 妈妈: | 遥控器在电视上面。 |
|---|---|
| | Yáokòngqì zài diànshì shàngmian. |

**2**

 라라는 축구화를 사러 가다가 친구 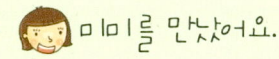 미미를 만났어요.
꼬마 호가 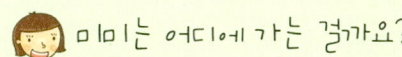 미미는 어디에 가는 걸까요?

拉拉: **你去哪儿?**
Lāla　Nǐ qù nǎr?

美美: **我去文具店。**
Měimei　Wǒ qù wénjùdiàn.

拉拉: **你去文具店买什么?**
Nǐ qù wénjùdiàn mǎi shénme?

美美: **要买一套蜡笔。**
Yào mǎi yí tào làbǐ.

**단어와 낱말**

爸爸 bàba 명 아빠

在 zài 동 ~에 있다

哪儿 nǎr 대 어디

厕所 cèsuǒ 명 화장실

遥控器 yáokòngqì 명 리모컨

电视 diànshì 명 텔레비전

上面 shàngmian 명 위, 위쪽

去 qù 동 가다

文具店 wénjùdiàn 명 문방구, 문구점

买 mǎi 동 사다

要 yào 조동 ~할 것이다, ~하려고 한다

套 tào 양 세트

蜡笔 làbǐ 명 크레파스

**1** 녹음을 듣고 대화와 어울리는 그림을 고르세요.

**1**

**2**

**2** 녹음을 듣고 내용과 일치하면 O, 일치하지 않으면 ×에 체크하세요.

**1** 美美去商店。
Měimei qù shāngdiàn.

**2** 美美要买一本书。
Měimei yào mǎi yì běn shū.

**3** 녹음을 잘 듣고 빈칸에 알맞은 중국어를 써 넣으세요.

보기　　　去　店　哪　套　在

**1**

爸爸在 〔　　〕儿?
Bàba zài　nǎr?

他 〔　　〕厕所。
Tā　zài　cèsuǒ.

**2**

你 〔　　〕哪儿?
Nǐ　qù　nǎr?

我去文具 〔　　〕。
Wǒ qù wénjù diàn.

要 买一 〔　　〕蜡笔。
Yào mǎi yí　tào　làbǐ.

**1** 다음 그림을 보고 대화를 만들어 보세요.

**1**

A 爸爸在哪儿?
　Bàba zài nǎr?

B 他在 _____ 。
　Tā zài　　kètīng.

**2**

A 你去哪儿?
　Nǐ qù nǎr?

B 我去 _____ 。
　Wǒ qù　　shāngdiàn.

**3**

A 你去文具店买什么?
　Nǐ qù wénjùdiàn mǎi shénme?

B 要买 _____ 。
　Yào mǎi (sān běn) bǐjìběn.

**2** 한국어를 중국어로 바꾸어 큰 소리로 말해 보세요.

**1**
A 아빠는 어디 계세요?

B 그는 화장실에 계셔.

A 리모컨은 어디 있어요?

B 리모컨은 텔레비전 위에 있어.

**2**
A 너 어디 가니?

B 난 문방구에 가.

A 너 문방구에 가서 무엇을 사니?

B 크레파스 한 세트를 살 거야.

start

40

# 주사위를 던져 집 안을 탐험해요!

1. 주사위를 던져 나온 숫자만큼 칸을 이동합니다.
2. ★ 표시가 있는 지점은 지름길이니 화살표 방향으로 꺾을 수 있습니다.
3. 그림이 있는 곳에서는 그림에 해당하는 단어를 중국어로 말하고 게임노트에서
   그 그림과 어울리는 단어를 찾아 줄을 연결합니다.
4. 만일 그림을 보고 단어를 못 맞히거나 그림과 중국어를 잘못 연결했을 경우에는
   이동한 자리에서 원래 있던 자리로 되돌아가야 합니다.
5. 한 바퀴를 먼저 돌아 나오는 쪽이 이기는 게임입니다.

**게임노트**

A    ●    ❶ 厕所

B    ●    ❷ 房间

C    ●    ❸ 客厅

D    ●    ❹ 窗户

E    ●    ❺ 沙发

F    ●    ❻ 厨房

# 03

# 怎么走?

어떻게 가니?

CD 1 Track-11

**이번 과에서는요**

어떤 장소가 기준이 되는 장소로부터 먼지 가까운지 나타내는 표현과
목적지까지 길을 안내하는 표현을 중국어로 배웁니다.

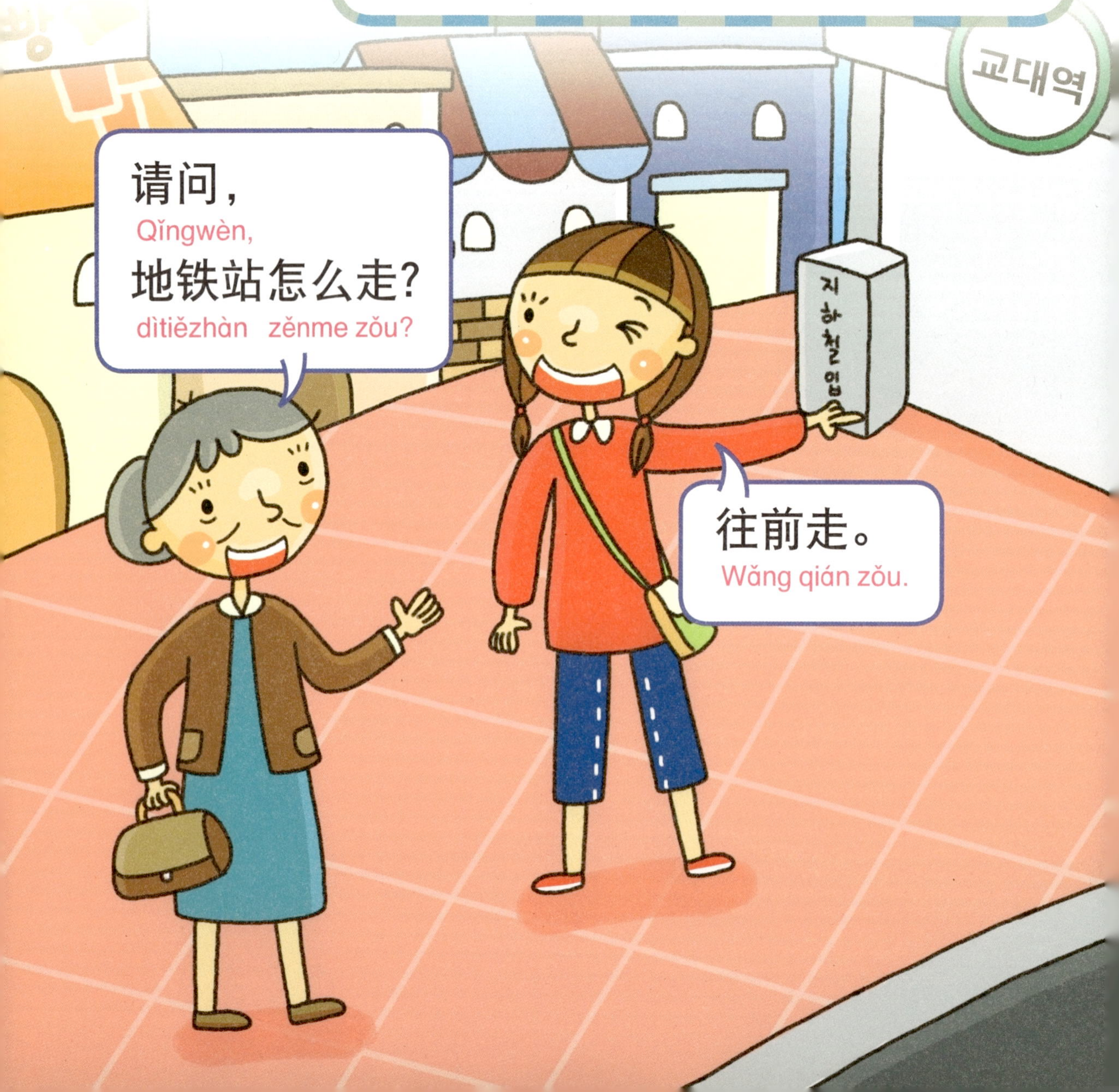

교대역

请问,
Qǐngwèn,
地铁站怎么走?
dìtiězhàn zěnme zǒu?

지하철입구

往前走。
Wǎng qián zǒu.

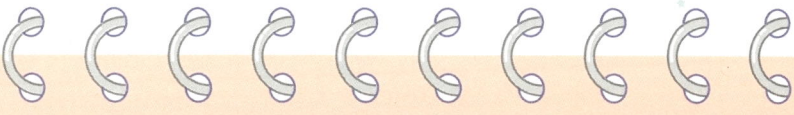

우리 동네 건물들은 중국어로 뭘까요?

学校 학교
xuéxiào

银行 은행
yínháng

邮局 우체국
yóujú

超市 슈퍼마켓
chāoshì

书店 서점
shūdiàn

面包店 제과점
miànbāodiàn

文具店 문방구
wénjùdiàn

百货商店 백화점
bǎihuò shāngdiàn

电影院 영화관
diànyǐngyuàn

**01**

**A** Nǐ zhù zài nǎr?
你住在哪儿? 너는 어디에 사니?

**B** Wǒ zhù zài Mùdòng.
我住在木洞。 나는 목동에 살아.

住 zhù는 '살다, 거주하다'라는 뜻이에요. '~에 살다'라는 표현은 住在 zhù zài 뒤에 사는 곳을 넣으면 됩니다. 어디에 사는지 다양한 도시의 이름을 익히며 연습해 볼까요?

首尔
Shǒu'ěr
서울

北京
Běijīng
베이징

上海
Shànghǎi
상하이

巴黎
Bālí
파리

**02**

A 你家离学校远不远？ 너희 집은 학교에서 머니?
Nǐ jiā lí xuéxiào yuǎn bu yuǎn?

B 有点儿远。 약간 멀어.
Yǒu diǎnr yuǎn.

전치사 **离** lí는 '~로부터'라는 뜻이에요. **离** 앞에 나온 장소가 **离** 뒤에 나온 장소에서 얼마나 떨어져 있는지 거리를 물을 때 사용합니다. 기준이 되는 장소를 바꾸어 가며 연습해 봅시다. 대답 표현은 뒤에서 자세히 배워요.

**银行**
yínháng
은행

**邮局**
yóujú
우체국

**超市**
chāoshì
슈퍼마켓

**百货商店**
bǎihuò shāngdiàn
백화점

**03**

A
Qǐngwèn, dìtiězhàn zěnme zǒu?
请问， 地铁站怎么走?
말 좀 물어볼게요. 지하철역은 어떻게 가죠?

B
Wǎng qián zǒu.
往前走。 앞쪽으로 가세요.

'어떻게 가나요?'라는 표현은 怎么走 zěnme zǒu?입니다. 怎么 zěnme는 '어떻게'라는 뜻이고 走 zǒu는 '걷다', '가다'라는 뜻이죠. 대답에 쓰인 往 wǎng은 '~를 향하여'라는 뜻이므로, B 문장은 '앞쪽을 향해서 걷다'라는 의미가 됩니다. 방향을 나타내는 말을 연습해 봅시다.

往后走
wǎng hòu zǒu
뒤로 가다

往左拐
wǎng zuǒ guǎi
좌회전하다

往右拐
wǎng yòu guǎi
우회전하다

往那边走
wǎng nàbiān zǒu
저쪽으로 가다

**Tip** 왼쪽이나 오른쪽으로 꺾는다고 할 때는 拐 guǎi라는 동사를 씁니다.

**04**

A **离这儿远吗?** 여기서 먼가요?
*Lí zhèr yuǎn ma?*

B **不太远。** 그다지 멀지 않아요.
*Bú tài yuǎn.*

远 yuǎn은 '멀다'라는 뜻입니다. 그럼 얼마나 먼 거리인지 그 정도는 어떻게 표현할까요? 바로 远 앞에 다양한 부사를 붙여서 나타냅니다. B 문장은 不太 bú tài라는 부사를 써서 '그다지 멀지 않다'라는 의미를 나타냈죠. 不太의 不는 원래 4성이지만, 4성 단어 太 앞에서 2성으로 발음합니다. 정도를 나타내는 표현을 연습해 봅시다.

**不**
bù
아니, ~하지 않다

**很**
hěn
아주, 꽤

**非常**
fēicháng
매우, 굉장히

**有点儿**
yǒu diǎnr
조금

**Tip** 有点儿 yǒu diǎnr은 '조금'이라는 뜻인데, 주로 불만이 있을 때 부정적인 의미로 쓰여요. 일반적인 상황에서의 '조금'은 一点儿 yìdiǎnr을 씁니다.

**1**

동동이 며칠 전에 이사를 했대요. 하하는 동동의 집이 학교에서
너무 멀어진 게 아닐까 걱정이 됩니다.

东东:
Dōngdong
你住在哪儿?
Nǐ zhù zài nǎr?

哈哈:
Hāha
我住在木洞。
Wǒ zhù zài Mùdòng.

东东:
你家离学校远不远?
Nǐ jiā lí xuéxiào yuǎn bu yuǎn?

哈哈:
有点儿远。
Yǒu diǎnr yuǎn.

**2**

마음씨 착한 라라는 오늘 길을 물어보는
어떤 할머니께 지하철역까지 가는 길을 알려 드리고
짐도 들어 드렸답니다.

奶奶:   **请问，地铁站怎么走？**
Nǎinai   Qǐngwèn, dìtiězhàn zěnme zǒu?

拉拉:   **往前走。**
Lāla   Wǎng qián zǒu.

奶奶:   **离这儿远吗？**
  Lí zhèr yuǎn ma?

拉拉:   **不太远。**
  Bú tài yuǎn.

### 단어와 낱말

住 zhù 동 살다, 거주하다

木洞 Mùdòng 고유 목동

离 lí 전 ~로부터

学校 xuéxiào 명 학교

远 yuǎn 형 멀다

不 bù 부 ~이 아니다

有点儿 yǒu diǎnr 부 조금, 약간

请问 qǐngwèn 잠깐 여쭙겠습니다, 말 좀 물어봅시다

地铁站 dìtiězhàn 명 지하철역

怎么 zěnme 대 어떻게, 어째서, 왜

走 zǒu 동 걷다

往 wǎng 전 ~을 향해

前 qián 명 앞

吗 ma 조 ~입니까 [의문의 어기조사]

不太 bú tài 그다지 ~하지 않다

**1** 녹음을 듣고 대화와 어울리는 그림을 고르세요.

**1**

 首尔

北京

上海

**2**

 很远

非常远

不远

**2** 녹음을 듣고 내용과 일치하면 ○, 일치하지 않으면 ✕에 체크하세요.

**1** 奶奶要去商店。
Nǎinai yào qù shāngdiàn.

**2** 商店离这儿非常远。
Shāngdiàn lí zhèr fēicháng yuǎn.

**3** 녹음을 잘 듣고 빈칸에 알맞은 중국어를 써 넣으세요.

> 보기      住   在   怎   离   往

**1**

你 ⬜ 在哪儿?
Nǐ  zhù  zài nǎr?

我住 ⬜ 木洞。
Wǒ zhù zài  Mùdòng.

**2**

请问，地铁站 ⬜ 么走?
Qǐngwèn, dìtiězhàn  zěn  me zǒu?

⬜ 前走。
Wǎng qián zǒu.

⬜ 这儿远吗?
Lí  zhèr yuǎn ma?

말해 보자!

## Shuoshuo

**1** 다음 그림을 보고 대화를 만들어 보세요.

**1**

**A** 你住在哪儿?
Nǐ zhù zài nǎr?

**B** 我住在 _____ 。
Wǒ zhù zài　Shǒu'ěr.

**2**

**A** 你家离 _____ 远不远?
Nǐ jiā　lí　　chāoshì　yuǎn bu yuǎn?

**B** 有点儿远。
Yǒu diǎnr yuǎn.

**3**

**A** 请问，地铁站怎么走?
Qǐngwèn, dìtiězhàn zěnme zǒu?

**B**  。
Wǎng zuǒ guǎi.

**2** 한국어를 중국어로 바꾸어 큰 소리로 말해 보세요.

**1**

A 너는 어디에 사니?

B 나는 목동에 살아.

A 너희 집은 학교에서 머니?

B 약간 멀어.

**2**

A 말 좀 물어볼게, 지하철역은 어떻게 가니?

B 앞쪽으로 가세요.

A 여기서 머니?

B 그다지 멀지 않아요.

놀아 보자!
Wanwan

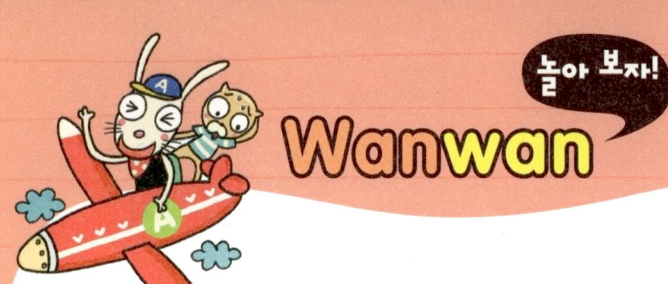

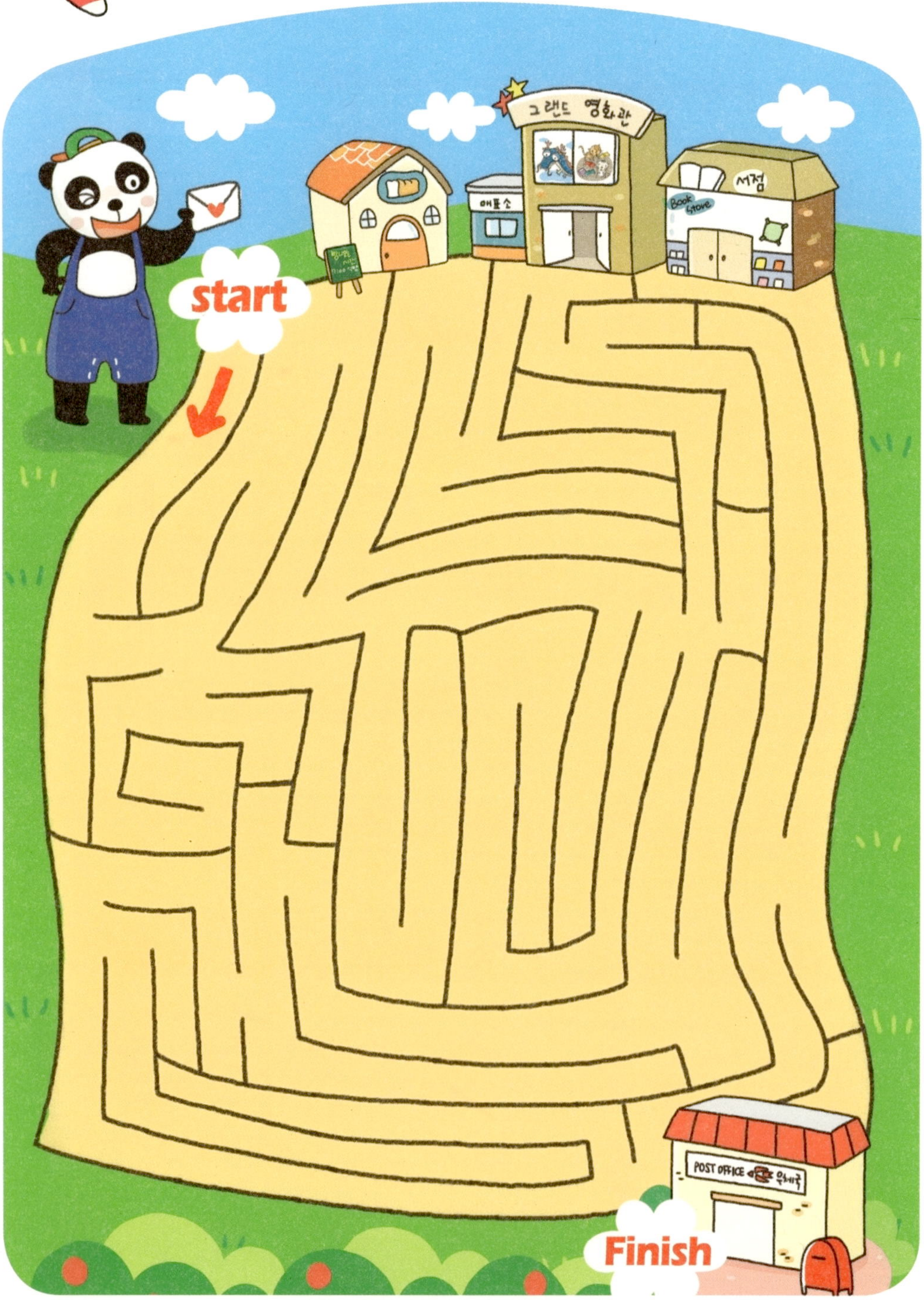
그랜드 영화관
매표소
서점
Book Store
start
Finish
POST OFFICE 우체국

# 길을 먼저 찾고,
# 더 많은 **단어**를 연결해요!

**게임 방법**

1. 우체국까지 가는 길을 찾아갑니다.
2. 우체국에 도착한 후 게임노트의 그림과 중국어 단어를 알맞게 연결합니다.
3. 모든 단어를 먼저 정확히 연결하는 쪽이 이기는 게임입니다.

**게임노트**

A •----------------❶ 学校

B •  ❷ 电影院

C •  ❸ 银行

D •  ❹ 书店

E •  ❺ 面包店

# 几月几号?

멫 월 며칠이니?

CD 1 Track-16

**이번 과에서는요**

날짜와 요일에 관한 표현을 배웁니다.
친구들과 중국어로 생일이나 명절 날짜를 묻고 답해 보세요.

你的生日是几月几号?
Nǐ de shēngrì shì jǐ yuè jǐ hào?

我的生日是七月
Wǒ de shēngrì shì qī yuè
二十二号。
èrshí'èr hào.

## 명절이나 기념일은 중국어로 뭘까요?

| | | |
|---|---|---|
| 1月  | 5月  | 5月  |
| **春节** 설날<br>Chūn jié | **儿童节** 어린이날<br>Értóng jié | **母亲节** 어머니날<br>Mǔqīn jié |
| 5月  | 8月  | 12月  |
| **教师节** 스승의 날<br>Jiàoshī jié | **中秋节** 추석<br>Zhōngqiū jié | **圣诞节** 크리스마스<br>Shèngdàn jié |
| 7月  | 12月  |  |
| **暑假** 여름방학<br>shǔjià | **寒假** 겨울방학<br>hánjià | **假日** 휴일<br>jiārì |

**Tip** 중국의 '어머니날'은 매년 5월 둘째 일요일로, 우리의 '어버이날'과 그 의미가 비슷합니다.

**01**

A Jīntiān jǐ yuè jǐ hào?
今天几月几号？ 오늘 몇 월 며칠이니?

B Jīntiān sì yuè sān hào.
今天四月三号。 오늘은 4월 3일이야.

几 jǐ는 '몇'이라는 뜻으로, 주로 10 미만의 적은 수에 사용됩니다. 날짜에는 10이 넘는 숫자도 있지만 일반적으로 几月几号 jǐ yuè jǐ hào란 표현을 쓰니 통째로 외워 둡시다. 대답할 때는 几 자리에 숫자를 넣어 말합니다.

三月十五号
sān yuè shíwǔ hào
3월 15일

十月三号
shí yuè sān hào
10월 3일

十二月二十四号
shí'èr yuè èrshísì hào
12월 24일

七月十四号
qī yuè shísì hào
7월 14일

**02**

**A**
Nǐ de shēngrì shì jǐ yuè jǐ hào?
你的生日是几月几号? 네 생일은 몇 월 며칠이니?

**B**
Wǒ de shēngrì shì qī yuè èrshí' èr hào.
我的生日是七月二十二号。 내 생일은 7월 22일이야.

'몇 월 며칠입니까'라는 표현을 더 연습해 볼까요? 설날, 추석, 크리스마스 등의 특별한 날들이 몇 월 며칠인지 중국어로 묻고 답해 봅시다.

春节, 一月一号
Chūn jié, yī yuè yī hào
설날, 1월 1일

中秋节, 八月十五号
Zhōngqiū jié, bā yuè shíwǔ hào
추석, 8월 15일

圣诞节, 十二月二十五号
Shèngdàn jié, shí'èr yuè èrshíwǔ hào
크리스마스, 12월 25일

儿童节, 五月五号
Értóng jié, wǔ yuè wǔ hào
어린이날, 5월 5일

**03**

A **今天星期几?** *Jīntiān xīngqī jǐ?* 오늘은 무슨 요일이니?

B **星期三。** *Xīngqī sān.* 수요일이야.

중국어로 '요일'은 星期 xīngqī라는 단어를 씁니다. '무슨 요일이에요?'라는 표현은 星期几 xīngqī jǐ? 라고 말하며 월, 화, 수, 목, 금, 토, 일요일은 순서대로 星期一 xīngqī yī, 星期二 xīngqī èr, 星期三 xīngqī sān, 星期四 xīngqī sì, 星期五 xīngqī wǔ, 星期六 xīngqī liù, 星期天 xīngqītiān입니다.

星期一
xīngqī yī
월요일

星期四
xīngqī sì
목요일

星期六
xīngqī liù
토요일

星期天
xīngqītiān
일요일

A 문장에서 打算 dǎsuan은 '~하려고 하다 · ~할 작정이다'라는 뜻의 조동사입니다. 干 gàn은 '~하다', 什么 shénme는 '무엇'이라는 뜻이니 이 단어들을 조합해 보면 打算干什么? 로 '무엇을 하려고 합니까?'라는 의미가 되지요. 손꼽아 기다리는 주말, 명절, 방학! 어떤 계획이 있는지 물어봅시다.

节日
jiérì
명절

暑假
shǔjià
여름방학

寒假
hánjià
겨울방학

儿童节
Értóng jié
어린이날

1

오늘은 라라의 생일이에요.
미미는 자신이 그린 그림을 라라에게 선물로 주었어요.

美美： 今天几月几号？
Měimei   Jīntiān jǐ yuè jǐ hào?

拉拉： 今天四月三号。 今天是我的生日！
Lāla   Jīntiān sì yuè sān hào. Jīntiān shì wǒ de shēngrì!

美美： 真的？ 祝你生日快乐！
  Zhēn de? Zhù nǐ shēngrì kuàilè!

拉拉： 对了，你的生日是几月几号？
  Duì le,   nǐ de shēngrì shì jǐ yuè jǐ hào?

美美： 我的生日是七月二十二号。
  Wǒ de shēngrì shì qī yuè èrshí'èr hào.

하하는 동동의 집에서 숙제를 하고 있어요. 한 시간쯤 지나자 온 몸이 근질근질해져 주말에 놀러 갈 계획을 세우고 싶어졌답니다.

**哈哈:** 今天星期几?
Hāha　Jīntiān xīngqī jǐ?

**东东:** 星期三。
Dōngdong　Xīngqī sān.

**哈哈:** 周末打算干什么?
Zhōumò dǎsuan gàn shénme?

**东东:** 我打算去图书馆。
Wǒ dǎsuan qù túshūguǎn.

CD 1 Track-19

## 단어와 낱말

今天 jīntiān 〔명〕 오늘

月 yuè 〔명〕 월, 달

号 hào 〔명〕 일 [날짜를 가리킴]

的 de 〔조〕 ~의

生日 shēngrì 〔명〕 생일

真的 zhēn de 참으로, 정말로

祝 zhù 〔동〕 축하하다

快乐 kuàilè 〔형〕 즐겁다, 유쾌하다

对了 duì le 그렇습니다, 맞습니다

星期 xīngqī 〔명〕 요일

周末 zhōumò 〔명〕 주말

打算 dǎsuan 〔조동〕 ~하려고 하다, ~할 작정이다

干 gàn 〔동〕 (일을) 하다

什么 shénme 〔대〕 무엇, 어떤

去 qù 〔동〕 가다

图书馆 túshūguǎn 〔명〕 도서관

들어 보자!

**1** 녹음을 듣고 대화와 어울리는 그림을 고르세요.

**2** 녹음을 듣고 내용과 일치하면 O, 일치하지 않으면 ×에 체크하세요.

**1** 今天星期二。
Jīntiān xīngqī èr.

**2** 周末东东打算去超市。
Zhōumò Dōngdong dǎsuan qù chāoshì.

**3** 녹음을 잘 듣고 빈칸에 알맞은 중국어를 써 넣으세요.

去  号  干  月  生

**1**

今天几 □ 几号？
Jīntiān jǐ  yuè  jǐ hào?

今天 四月三 □ 。
Jīntiān sì yuè sān hào.

祝你 □ 日快乐！
Zhù nǐ shēng  rì  kuàilè!

**2**

周末  你打算 □ 什么？
Zhōumò nǐ dǎsuan gàn  shénme?

我 打算 □ 图书馆。
Wǒ dǎsuan  qù  túshūguǎn.

**1** 다음 그림을 보고 대화를 만들어 보세요.

**1**

A 今天几月几号?
  Jīntiān jǐ yuè jǐ hào?

B 今天 [                ]。
  Jīntiān sān yuè shíwǔ hào.

**2**

1月1日

A [                ] 是几月几号?
  Chūn jié    shì jǐ yuè jǐ hào?

B [          ] 是 [              ]。
  Chūn jié    shì   yī yuè yī hào.

**3**

星期天

A 今天星期几?
  Jīntiān xīngqī jǐ?

B [              ]。
  Xīngqītiān.

**2** 한국어를 중국어로 바꾸어 큰 소리로 말해 보세요.

**1**
  A  오늘은 내 생일이야!

  B  정말? 생일 축하해!

  A  맞다, 네 생일은 몇 월 며칠이니?

  B  내 생일은 7월 22일이야.

**2**
  A  오늘은 무슨 요일이니?

  B  수요일이야.

  A  주말에 무엇을 할 계획이니?

  B  나는 도서관에 갈 계획이야.

놀아 보자!
# Wanwan

finish

start

68

# 주사위를 던져
# 특별한 날을 즐겨 봐요!

## 게임 방법

1. 주사위를 던져 나온 숫자만큼 칸을 이동합니다.
2. 그림이 있는 곳에서는 그림에 해당하는 단어를 중국어로 말하고 게임노트에서
   그 그림에 해당하는 단어를 찾아 줄을 연결합니다.
3. 만일 그림을 보고 단어를 못 맞히거나 그림과 중국어를 잘못 연결했을 경우에는
   이동한 자리에서 원래 있던 자리로 되돌아가야 합니다.
4. 먼저 목적지에 도착하는 쪽이 이기는 게임입니다.

## 게임노트

A    ● ❶ 圣诞节

B    ● ❷ 教师节

C    ● ❸ 母亲节

D    ● ❹ 儿童节

E    ● ❺ 中秋节

F    ● ❻ 春节

# 天气怎么样?

날씨 어때?

**이번 과에서는요**

춥다, 덥다, 비가 오다, 눈이 오다 등 날씨와 계절에 관한 다양한 표현을 배웁니다.

今天天气怎么样?
Jīntiān tiānqì zěnmeyàng?

今天天气真好!
Jīntiān tiānqì zhēn hǎo!

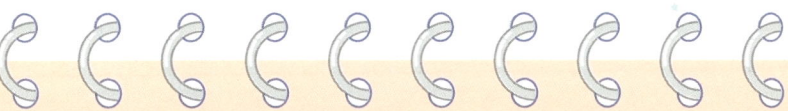

 계절과 날씨는 중국어로 어떻게 말할까요?

**春天** 봄
chūntiān

**夏天** 여름
xiàtiān

**秋天** 가을
qiūtiān

**冬天** 겨울
dōngtiān

**暖和** 따뜻하다
nuǎnhuo

**凉快** 시원하다
liángkuai

**热** 덥다
rè

**冷** 춥다
lěng

**下雨** 비 오다
xià yǔ

**01**

Jīntiān tiānqì zěnmeyàng?

A 今天天气怎么样? 오늘 날씨 어때요?

Jīntiān tiānqì zhēn hǎo!

B 今天天气真好! 오늘 날씨 정말 좋구나!

날씨는 중국어로 天气 tiānqì입니다. 여기에 '어떠한가'라고 물어볼 때 쓰는 의문사 怎么样 zěnmeyàng을 쓰면 '날씨가 어때요?'라는 문장을 만들 수 있죠. 질문에 대한 대답을 연습해 봅시다.

挺好
tǐng hǎo
아주 좋다

很好
hěn hǎo
좋다

还可以
hái kěyǐ
그럭저럭 괜찮다

不好
bù hǎo
안 좋다

**02**

A 明天天气怎么样?
Míngtiān tiānqì zěnmeyàng?
내일 날씨 어떨까요?

B 天气预报说，明天下雨。
Tiānqì yùbào shuō, míngtiān xià yǔ.
일기예보에 따르면, 내일은 비가 온대.

내일 날씨를 알 수 있는 방법은 바로 일기예보 天气预报 tiānqì yùbào를 통해서죠? B 문장의 天气预报说라는 구절은 '일기예보(天气预报) + 말하다(说)'로 이루어져 있으니까 '일기예보에 따르면'이라고 해석할 수 있습니다. 일기예보에서 흔히 들을 수 있는 날씨에 관한 다양한 표현을 익혀 봅시다.

下雪
xià xuě
눈이 오다

刮风
guā fēng
바람이 불다

打闪
dǎ shǎn
번개 치다

暖和
nuǎnhuo
따뜻하다

**03**

A 你喜欢什么季节?

*Nǐ xǐhuan shénme jìjié?*

너는 어떤 계절을 좋아해?

B 我喜欢夏天。

*Wǒ xǐhuan xiàtiān.*

나는 여름을 좋아해.

계절은 중국어로 季节 jìjié입니다. 여러분은 봄·여름·가을·겨울 중에서 어느 계절을 가장 좋아하나요? '좋아하다'라는 뜻의 동사 喜欢 xǐhuan을 써서 묻고 답해 봅시다.

春天
chūntiān
봄

夏天
xiàtiān
여름

秋天
qiūtiān
가을

冬天
dōngtiān
겨울

**04**

Wèishénme?

A 为什么? 왜?

Yīnwèi xiàtiān hěn rè, kěyǐ chī hěn duō bīngqílín.

B 因为夏天很热，　可以吃很多冰淇淋。

왜냐하면 여름은 더워서, 아이스크림을 많이 먹을 수 있잖아.

A 문장 **为什么** wèishénme는 '왜·어째서'라는 뜻이고 B 문장의 **因为** yīnwèi는 '왜냐하면'이라는 뜻입니다. 즉, **为什么**로 물으면 대답할 때 **因为**로 시작하면 되는 거죠. 어느 계절을 왜 좋아하는지 대답해 볼까요?

春天

暖和，赏花
nuǎnhuo, shǎnghuā
따뜻하다, 꽃구경 하다

秋天

凉快，出去玩儿
liángkuai, chū qù wánr
시원하다, 나가 놀다

冬天

下雪，滑滑板
xià xuě, huá huábǎn
눈이 오다, 스노우보드를 타다

夏天

热，游泳
rè, yóu yǒng
덥다, 수영하다

**Tip** 出去玩儿 chū qù wánr의 玩 wán은 '놀다'라는 뜻이에요. 그런데 뒤에 儿 er이 있죠? 이렇게 중국인들은 특정한 단어 뒤에 儿을 붙여 말하는 경우가 많답니다.

**1**

나른한 일요일 오후. 둥둥은 집에만 있기가 갑갑해요.
아빠와 함께 밖에 나가서 놀려면 어떻게 말을 꺼내는 게 좋을까요?

东东
Dōngdong

今天天气怎么样？
Jīntiān tiānqì zěnmeyàng?

爸爸
Bàba

今天天气真好！
Jīntiān tiānqì zhēn hǎo!

东东

我们出去玩儿吧！
Wǒmen chū qù wánr ba!

爸爸

好啊！
Hǎo a!

（晚上）
Wǎnshang

东东

明天天气怎么样？
Míngtiān tiānqì zěnmeyàng?

爸爸

天气预报说，明天下雨。
Tiānqì yùbào shuō, míngtiān xià yǔ.

**2**

노는 것을 좋아하는 개구쟁이 하하와

그림 그리기를 좋아하는 미미는 어떤 계절을 왜 좋아할까요?

哈哈: **你喜欢什么季节?**
Hāha　Nǐ xǐhuan shénme jìjié?

美美: **我喜欢夏天。**
Měimei　Wǒ xǐhuan xiàtiān.

哈哈: **为什么?**
　　　Wèishénme?

美美: **因为夏天很热，可以吃很多冰淇淋。**
　　　Yīnwèi xiàtiān hěn rè, kěyǐ chī hěn duō bīngqílín.

CD 1　Track-24

### 단어와 낱말

天气 tiānqì 〔명〕 날씨

怎么样 zěnmeyàng 〔대〕 어떠한가

真 zhēn 〔부〕 매우

好 hǎo 〔형〕 좋다

我们 wǒmen 〔대〕 우리

出去 chū qù 〔동〕 나가다

玩 wán 〔동〕 놀다

啊 a 〔조〕 가벼운 감탄의 어기조사

晚上 wǎnshang 〔명〕 저녁, 밤

天气预报 tiānqì yùbào 〔명〕 일기예보

说 shuō 〔동〕 말하다

下雨 xià yǔ 〔동〕 비가 내리다

喜欢 xǐhuan 〔동〕 좋아하다

季节 jìjié 〔명〕 계절

夏天 xiàtiān 〔명〕 여름

为什么 wèishénme 〔대〕 왜

因为 yīnwèi 〔접〕 왜냐하면

很 hěn 〔부〕 아주

热 rè 〔형〕 덥다

可以 kěyǐ 〔조동〕 ~할 수 있다, ~해도 좋다

吃 chī 〔동〕 먹다

多 duō 〔형〕 많다

冰淇淋 bīngqílín 〔명〕 아이스크림

CD 1 Track-25

**1** 녹음을 듣고 대화와 어울리는 그림을 고르세요.

**2** 녹음을 듣고 내용과 일치하면 O, 일치하지 않으면 ×에 체크하세요.

**1** 美美喜欢冬天。
Měimei xǐhuan dōngtiān.

**2** 春天很暖和，　　可以赏花。
Chūntiān hěn nuǎnhuo, kěyǐ shǎnghuā.

**3** 녹음을 잘 듣고 빈칸에 알맞은 중국어를 써 넣으세요.

보기    节  夏  气  玩  怎

**1**

今天天 [气] 真好！
Jīntiān tiān qì   zhēn hǎo!

我们 出去 [玩] 儿吧！
Wǒmen chū qù   wánr   ba!

明天  天气 [怎] 么样?
Míngtiān tiānqì  zěn   meyàng?

**2**

你喜欢 什么 季 [节] ?
Nǐ xǐhuan shénme jì   jié?

我 喜欢 [夏] 天。
Wǒ xǐhuan xià   tiān.

**1** 다음 그림을 보고 대화를 만들어 보세요.

**1**

A 今天天气怎么样?
Jīntiān tiānqì zěnmeyàng?

B 今天天气 　　　　　　 ！
Jīntiān tiānqì 　　hái kěyǐ!

**2**

A 你喜欢什么季节?
Nǐ xǐhuan shénme jìjié?

B 我喜欢 　　　　　　 。
Wǒ xǐhuan 　　dōngtiān.

**3**

A 为什么?
Wèishénme?

B 因为冬天 　　　　　　 ，
Yīnwèi dōngtiān 　　xià xuě,

可以滑滑板。
kěyǐ huá huábǎn.

1  A  오늘 날씨 어때요?

B  오늘 날씨 참 좋구나!

A  내일은 날씨가 어떨까요?

B  일기예보에 따르면, 내일 비 온대.

2  A  너는 어떤 계절을 좋아하니?

B  나는 여름을 좋아해.

A  왜?

B  왜냐하면 여름에는 더우니까,

아이스크림을 많이 먹을 수 있잖아.

# 주사위를 던져
# 이글루를 먼저 정복해요!

에스키모의 집이래요.

**게임 방법**

1. 주사위를 던져 나온 숫자만큼 칸을 이동합니다.
2. 그림이 있는 곳에서는 그림의 계절과 날씨를 중국어로 말하고 게임노트에서 그 그림에 해당하는 단어를 찾아 줄을 연결합니다.
3. 만일 그림 단어를 못 맞히거나 그림과 중국어를 잘못 연결했을 경우에는 이동한 자리에서 원래 있던 자리로 되돌아가야 합니다.
4. 먼저 이글루 꼭대기에 도착하는 쪽이 이기는 게임입니다.

**게임노트**

A
B
C
D
E
F

❶ 凉快

❷ 刮风

❸ 下雨

❹ 夏天

❺ 暖和

❻ 冬天

Lesson

# 06

# 哪儿不舒服?

어디가 아프니?

CD 1 Track-26

**이번 과에서는요**

우리 몸의 각 신체 부위의 명칭과 아플 때 증상에 대해 중국어로 말하는 방법을 배웁니다.

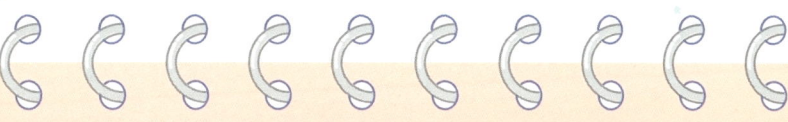
Kankan

우리 신체 부위는 중국어로 뭘까요?

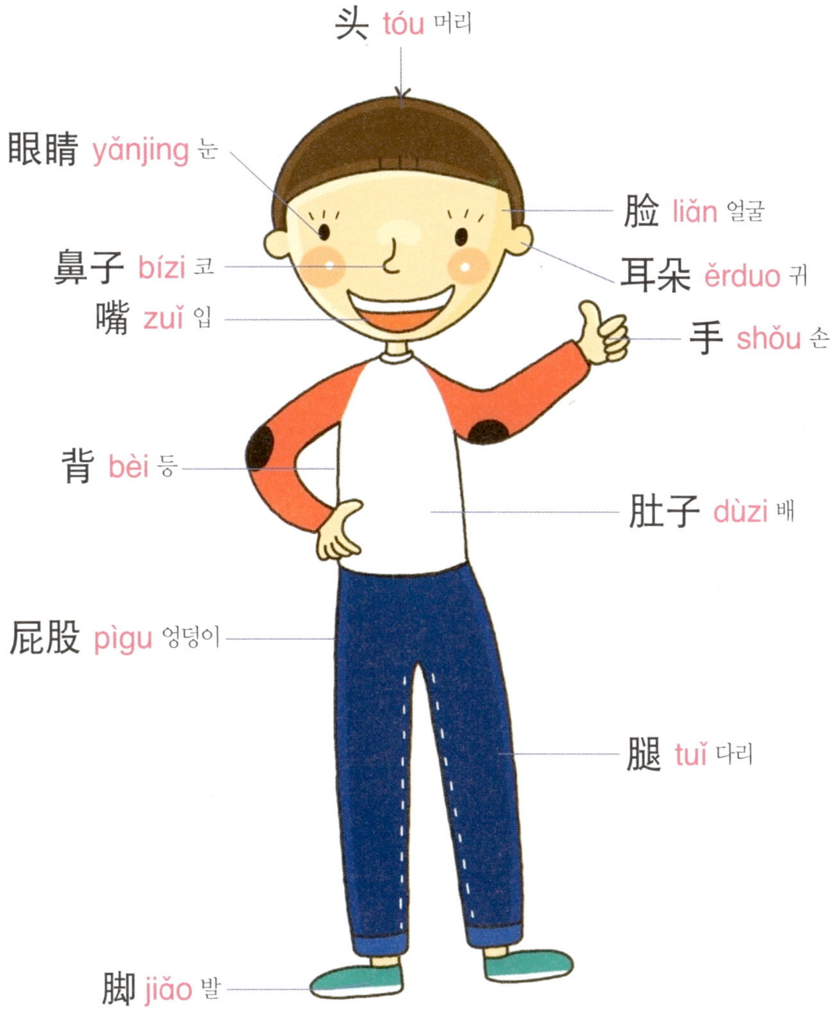

头 tóu 머리

眼睛 yǎnjing 눈

脸 liǎn 얼굴

鼻子 bízi 코

耳朵 ěrduo 귀

嘴 zuǐ 입

手 shǒu 손

背 bèi 등

肚子 dùzi 배

屁股 pìgu 엉덩이

腿 tuǐ 다리

脚 jiǎo 발

**01**

A **你怎么了?** Nǐ zěnme le?
너 왜 그러니?

B **我牙疼。** Wǒ yá téng.
이가 아파.

A 문장의 **怎么 zěnme**는 '어떻게 · 어째서 · 왜'라는 뜻으로 어떤 상황이나 방식, 원인 등을 묻는 말입니다. 친구가 평소와 다른 모습을 보인다면 **怎么了 zěnme le** 하고 왜 그런지 물어볼 수 있지요. B 문장에서는 그 물음에 대해 **牙疼 yá téng**(이가 아프다)이라고 대답했습니다. '아프다'라는 동사 **疼** 앞에 신체 부위를 넣어서 말해 봅시다.

头
tóu
머리

肚子
dùzi
배

腿
tuǐ
다리

眼睛
yǎnjing
눈

**02**

**A** 현재不疼了。 이제 안 아파.
*Xiànzài bù téng le.*

**B** 撒谎！ 거짓말!
*Sā huǎng!*

了 le는 상태의 변화를 나타냅니다. 따라서 A 문장의 **现在不疼了** xiànzài bù téng le는 '아까는 아팠는데 지금은 안 아프게 되었다'라는 의미입니다. B 문장의 **撒谎** Sā huǎng은 '거짓말하다'라는 뜻입니다. 여러 가지 상태를 나타내는 단어들로 了의 쓰임을 익혀 봅시다.

**累**
lèi
피곤하다

**饿**
è
배고프다

**渴**
kě
목마르다

**忙**
máng
바쁘다

**03**

A
Nǐ nǎr bù shūfu?
你哪儿不舒服? 어디가 아프니?

B
Hǎoxiàng gǎnmào le.
好像感冒了。 감기에 걸린 것 같아요.

A 문장의 舒服 shūfu는 '편안하다'라는 뜻의 형용사예요. 따라서 不舒服 bù shūfu는 몸이 아파서 편안하지 않은 상태를 말하지요. B 문장의 好像 hǎoxiàng은 '마치 ~과 같다', 感冒 gǎnmào는 '감기'라는 뜻이니까 전체 문장은 '감기에 걸린 것 같다'라는 의미가 됩니다. 여러 가지 증상을 넣어 연습해 봅시다.

生病
shēng bìng
병이 나다

闹肚子
nào dùzi
배탈이 나다

累
lèi
피곤하다

中暑
zhòng shǔ
더위 먹다

**04**

**A** *Fā shāo ma?*
发烧吗? 열이 나니?

**B** *Fā shāo. Hái liú bítì.*
发烧。 还流鼻涕。 열 나요. 그리고 콧물도 흘러요.

发烧 fāshāo는 '열이 나다', 流鼻涕 liú bítì는 '콧물이 흐르다'라는 뜻으로 병의 증세를 나타내는 단어들입니다. B 문장 가운데 들어간 还 hái는 '또', '그리고'라는 의미입니다.

**咳嗽**
késou
기침하다

**拉肚子**
lā dùzi
설사하다

**呕吐**
ǒutù
토하다

**头疼**
tóuténg
머리가 아프다

**1**

하하는 갑자기 이가 아파요.

혹시 어제 사탕을 먹은 다음에 양치질도 안 하고 자버려서

그런 건 아닐까요?

| 美美: | 你怎么了？ |
|---|---|
| Měimei | Nǐ zěnme le? |

| 哈哈: | 我牙疼。 |
|---|---|
| Hāha | Wǒ yá téng. |

| 美美: | 赶快去牙科医院吧！ |
|---|---|
| | Gǎnkuài qù yákē yīyuàn ba! |

| 哈哈: | 现在不疼了。 |
|---|---|
| | Xiànzài bù téng le. |

| 美美: | 撒谎！ |
|---|---|
| | Sā huǎng! |

**2**

감기에 걸려 병원에 간  라라.

열이 나고 콧물이 흐르나 봐요. 설마 주사를 맞아야 하는 건 아니겠죠?

大夫: **你哪儿不舒服？**
Dàifu　 Nǐ nǎr bù shūfu?

拉拉: **好像感冒了。**
Lāla　 Hǎoxiàng gǎnmào le.

大夫: **发烧吗？**
　　　 Fā shāo ma?

拉拉: **发烧。还流鼻涕。**
　　　 Fā shāo. Hái liú bítì.

CD 1 Track-29

## 단어와 낱말

牙 yá 〔명〕 이, 치아

疼 téng 〔형〕 아프다

赶快 gǎnkuài 〔부〕 빨리, 얼른, 어서

牙科医院 yákē yīyuàn 〔명〕 치과

撒谎 sā huǎng 〔동〕 거짓말하다

大夫 dàifu 〔명〕 의사

舒服 shūfu 〔형〕 (육체나 정신이) 편안하다

好像 hǎoxiàng 〔동〕 마치 ~과 같다

感冒 gǎnmào 〔명〕〔동〕 감기(에 걸리다)

发烧 fā shāo 〔동〕 열이 나다

还 hái 〔부〕 아직, 더

流 liú 〔동〕 흐르다

鼻涕 bítì 〔명〕 콧물

**1** 녹음을 듣고 대화와 어울리는 그림을 고르세요.

CD 1 Track-30

**2** 녹음을 듣고 내용과 일치하면 O, 일치하지 않으면 ×에 체크하세요.

**1** 拉拉好像生病了。
Lāla hǎoxiàng shēng bìng le.

**2** 拉拉发烧，还呕吐。
Lāla fā shāo, hái ǒutù.

92

**3** 녹음을 잘 듣고 빈칸에 알맞은 중국어를 써 넣으세요.

好  服  么  牙  了

**1**

你怎 ⬜ 了?
Nǐ zěn me le?

我 ⬜ 疼。
Wǒ yá téng.

现在 不疼 ⬜ 。
Xiànzài bù téng le.

**2**

你哪儿不舒 ⬜ ?
Nǐ nǎr bù shū fu?

⬜ 像感冒了。
Hǎo xiàng gǎnmào le.

말해 보자!

# Shuoshuo

1 다음 그림을 보고 대화를 만들어 보세요.

**1**

A 你怎么了?
Nǐ zěnme le?

B 我 _____ 疼。
Wǒ    dùzi    téng.

**2**

A 你哪儿不舒服?
Nǐ nǎr bù shūfu?

B 好像 _____ 了。
Hǎoxiàng shēng bìng le.

**3**

A 发烧吗?
Fā shāo ma?

B 发烧。还 _____ 。
Fā shāo. Hái    késou.

한국어를 중국어로 바꾸어 큰 소리로 말해 보세요.

**1**
A 너 왜 그러니?

B 이가 아파.

A 빨리 치과에 가 봐!

B 이제 아프지 않아.

**2**
A 어디가 아픈가요?

B 감기에 걸린 것 같아요.

A 열이 나나요?

B 열이 나요. 그리고 콧물이 흘러요.

놀아 보자!

Go!

# 주사위를 던져
# 우리 몸을 탐험해요!

## 게임 방법

1. 주사위를 던져 나온 숫자만큼 칸을 이동합니다.
2. ★ 표시가 있는 지점은 지름길이니 화살표 방향으로 꺾을 수 있습니다.
3. 그림이 있는 곳에서는 그림의 신체 부위를 중국어로 말하고 게임노트에서 그 그림에 어울리는 중국어를 찾아 줄을 연결합니다.
4. 만일 신체 부위를 못 맞히거나 신체와 중국어를 잘못 연결했을 경우에는 이동한 자리에서 원래 있던 자리로 되돌아가야 합니다.
5. 한 바퀴를 먼저 돌아 나오는 쪽이 이기는 게임입니다.

## 게임노트

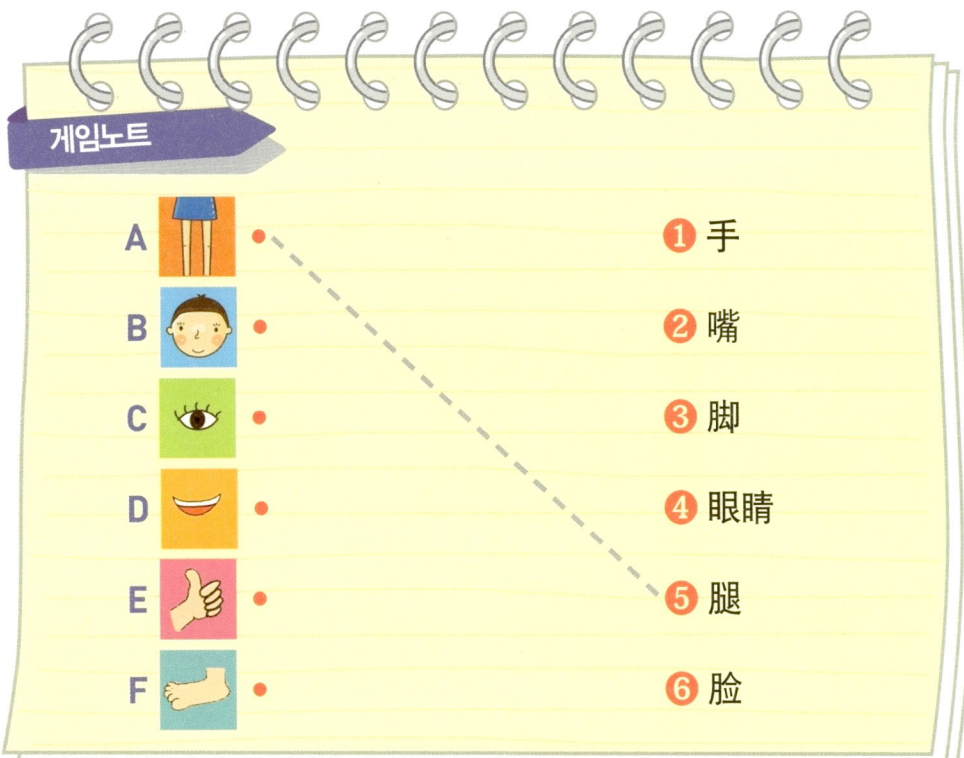

# 07

# 很伤心。

슬퍼요.

**이번 과에서는요**

기쁠 때, 슬플 때 등 다양한 감정들을 중국어로 어떻게 표현하는지 배웁니다. 자신의 감정과 그 이유까지 말해 보세요.

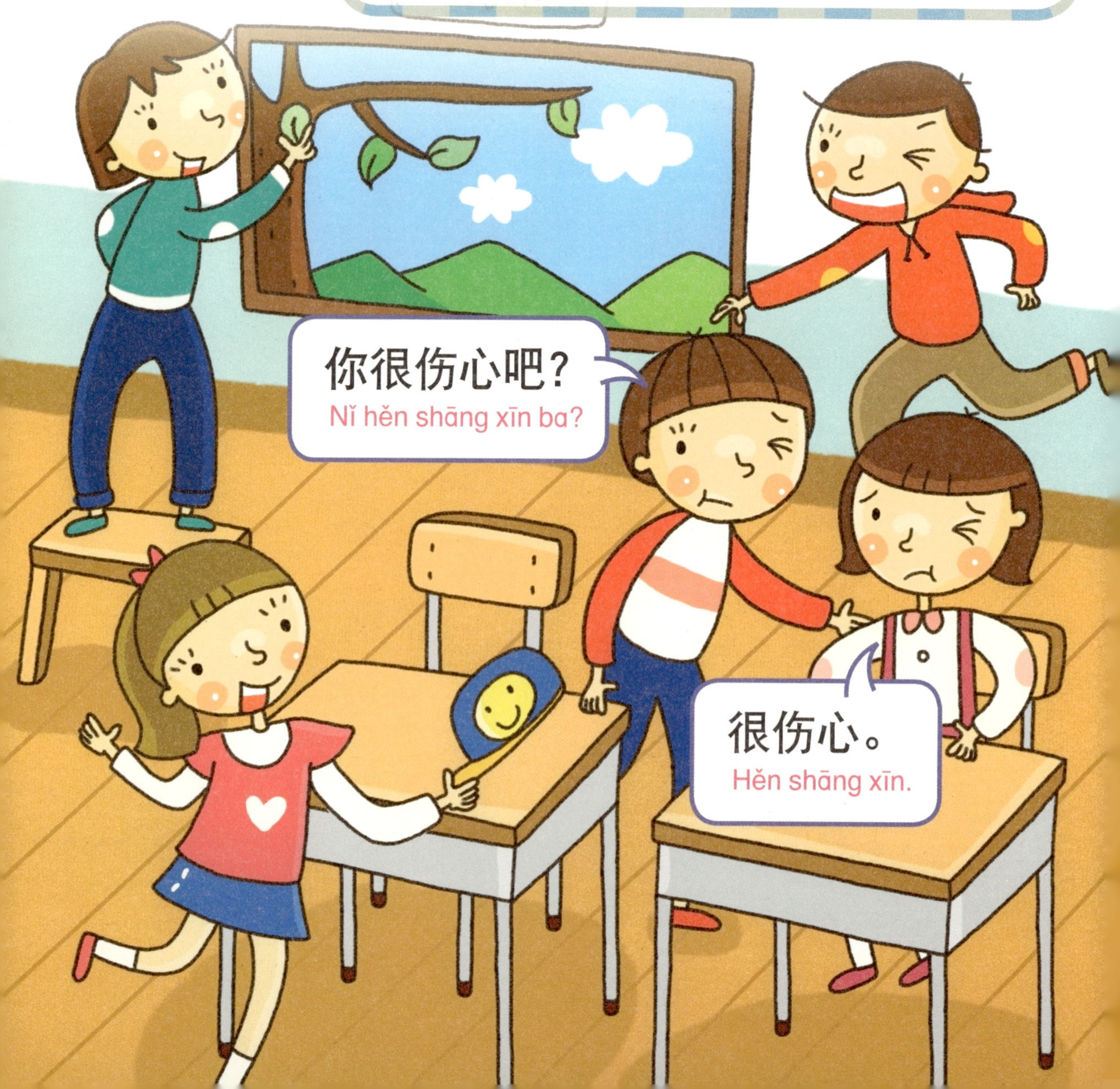

你很伤心吧?
Nǐ hěn shāng xīn ba?

很伤心。
Hěn shāng xīn.

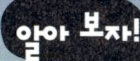

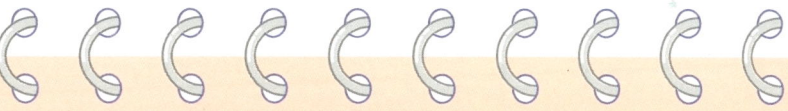

 **자신의 감정은 중국어로 어떻게 표현할까요?**

| | | |
|---|---|---|
|  |  |  |
| **高兴** 기쁘다<br>gāoxìng | **开心** 즐겁다<br>kāi xīn | **困** 졸리다<br>kùn |
|  |  |  |
| **不高兴** (기분이) 좋지 않다<br>bù gāoxìng | **生气** 화나다<br>shēng qì | **担心** 걱정하다<br>dān xīn |
|  |  |  |
| **伤心** 슬프다<br>shāng xīn | **吃惊** 놀라다<br>chī jīng | **痛苦** 괴롭다<br>tòngkǔ |

**01**

A Kànlai nǐ xiànzài hěn gāoxìng.
看来你现在很高兴。 기분이 좋아 보이는구나.

B Méi cuò!
没错！ 맞아!

看来 kànlai는 '보아하니·보기에는'이라는 뜻입니다. 그리고 高兴 gāoxìng은 '기분이 좋다'라는 뜻이므로, A 문장은 '너 아주 기분이 좋아 보인다'라고 해석할 수 있겠죠. B 문장의 没错 méi cuò는 글자를 하나하나 해석하면 '틀리지 않다'이므로, 곧 '맞다'라는 의미입니다.

不高兴
bù gāoxìng
(기분이) 좋지 않다

开心
kāi xīn
즐겁다

困
kùn
졸리다

伤心
shāng xīn
슬프다

**02**

A Shénme shìr?
什么事儿? 무슨 일인데?

B Hànyǔ kǎoshì wǒ dé le yìbǎi fēn!
汉语考试我得了一百分！ 중국어 시험에서 100점 맞았어!

A 문장은 有什么事儿? 이란 문장에서 동사 有 yǒu가 생략된 것입니다. B 문장에서 得 dé는 '얻다·획득하다'의 뜻이에요. 여러 가지 과목 이름을 넣어서 연습해 봅시다.

**韩语**
Hányǔ
한국어

**英语**
Yīngyǔ
영어

**数学**
shùxué
수학

**日语**
Rìyǔ
일본어

**03**

Nǐ zěnme zhème méi jīng dǎ cǎi ya?

A 你怎么这么没精打采呀? 너 왜 이렇게 기운이 없니?

Wǒ de péngyou yào zhuǎnxué.

B 我的朋友要转学。 내 친구가 전학 가.

A 문장의 怎么 zěnme는 '어째서', 这么 zhème는 '이렇게'라는 뜻입니다. 함께 쓰여 '왜 이렇게'라는 표현으로 사용될 때가 많지요. 没精打采 méi jīng dǎ cǎi는 '기운이 없다'라는 뜻의 성어입니다. B 문장에는 '왜냐하면'이라는 뜻의 因为 yīnwèi가 생략된 것으로 볼 수 있습니다.

伤心
shāng xīn
슬프다

担心
dān xīn
걱정하다

生气
shēng qì
화나다

不高兴
bù gāoxìng
(기분이) 좋지 않다

**04**
A Nǐ hěn shāng xīn ba?
你很**伤心**吧? 슬프겠구나?

B Hěn shāng xīn.
很**伤心**。 아주 슬퍼.

A 문장의 끝에 쓰인 **吧 ba**는 추측의 어기조사입니다. 따라서 A 문장은 '슬프지?'하고 추측하여 묻는 표현입니다. 이 구문을 사용해 친구의 기분을 묻고 답해 볼까요?

高兴
**gāoxìng**
기쁘다

痛苦
**tòngkǔ**
괴롭다

吃惊
**chī jīng**
놀라다

困
**kùn**
졸리다

1

하하가 오늘 종일 웃고 다니는 걸 보니 무슨 좋은 일이 있는 것 같아요. 대체 무슨 일일까요?

拉拉 : 看来你现在很高兴。
Lāla　　Kànlai nǐ xiànzài hěn gāoxìng.

哈哈 : 没错！
Hāha　　Méi cuò!

拉拉 : 什么事儿?
　　　　Shénme shìr?

哈哈 : 汉语考试我得了一百分！
　　　　Hànyǔ kǎoshì wǒ dé le yìbǎi fēn!

拉拉 : 好厉害！
　　　　Hǎo lìhai!

미미는 오늘따라 기운 없이 어깨가 축 처져 있네요.
동동이다가가 무슨 일인지 묻습니다.

东东: 你怎么这么没精打采呀?
Dōngdong Nǐ zěnme zhème méi jīng dǎ cǎi ya?

美美: 我的朋友要转学。
Měimei Wǒ de péngyou yào zhuǎnxué.

东东: 你很伤心吧?
Nǐ hěn shāng xīn ba?

美美: 很伤心。
Hěn shāng xīn.

CD 2 **Track-04**

## 단어와 낱말

看来 kànlai [부] 보기에, 보아하니

高兴 gāoxìng [형] 기쁘다

没错 méi cuò 틀림없다, 옳다, 맞다

事 shì [명] 일, 사건

汉语 Hànyǔ [고유] 중국어

考试 kǎoshì [명] 시험

得 dé [동] 얻다, 획득하다

一百 yìbǎi [수] 백

分 fēn [명] 점(점수)

好 hǎo [형] 좋다, [부] 아주

厉害 lìhai [형] 대단하다, 굉장하다

这么 zhème [대] 이렇게

没精打采 méi jīng dǎ cǎi [성어] 활기가 없다, 기운이 없다

呀 ya [조] 문장 끝에서 어감을 도움

朋友 péngyou [명] 친구

转学 zhuǎnxué [동] 전학하다

伤心 shāng xīn [형] 상심하다, 슬퍼하다

吧 ba [조] ~하지? [추측의 어기조사]

들어 보자!

**1** 녹음을 듣고 대화와 어울리는 그림을 고르세요.

**1**

**2**

**2** 녹음을 듣고 내용과 일치하면 O, 일치하지 않으면 ×에 체크하세요.

**1** 哈哈很高兴。
Hāha hěn gāoxìng.

**2** 哈哈得了一百分。
Hāha dé le yìbǎi fēn.

**3** 녹음을 잘 듣고 빈칸에 알맞은 중국어를 써 넣으세요.

보기　　没　心　看　吧　什

**1**

　　　来你很高兴。
Kàn　lai nǐ hěn gāoxìng.

　　　错!
Méi　cuò!

　　　么事儿?
Shén　me shìr?

**2**

你很 伤心 　　?
Nǐ hěn shāng xīn　ba?

很 伤 　　。
Hěn shāng　xīn.

**1** 다음 그림을 보고 대화를 만들어 보세요.

**1**

**A** 看来你很 　　　　　　。
Kànlai nǐ hěn　gāoxìng.

**B** 没错！
Méi cuò!

**2**

**A** 什么事儿?
Shénme shìr?

**B** 　　　　　　考试我得了一百分！
Yīngyǔ　kǎoshì wǒ dé le yìbǎi fēn!

**3**

**A** 你怎么这么 　　　　　　呀?
Nǐ zěnme zhème　shēng qì　ya?

**B** 我的朋友撒谎了。
Wǒ de péngyou sā huǎng le.

**②** 한국어를 중국어로 바꾸어 큰 소리로 말해 보세요.

**1**
**A** 너 기분이 아주 좋아 보인다.

**B** 맞아!

**A** 무슨 일인데?

**B** 중국어 시험에서 100점 맞았어!

**2**
**A** 너 왜 이렇게 기운이 없니?

**B** 내 친구가 전학 가.

**A** 아주 슬프겠구나?

**B** 아주 슬퍼.

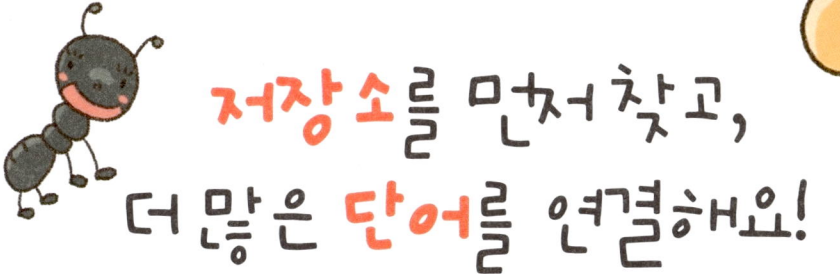

저장소를 먼저 찾고,
더 많은 **단어**를 연결해요!

### 게임 방법

1. 개미들의 식량 저장소까지 가는 길을 찾아갑니다.
2. 목적지에 도착한 후 게임노트의 감정을 표현하는 그림과 중국어를 알맞은 것끼리
   연결합니다.
3. 모든 단어를 먼저 다 연결하는 쪽이 이기는 게임입니다.

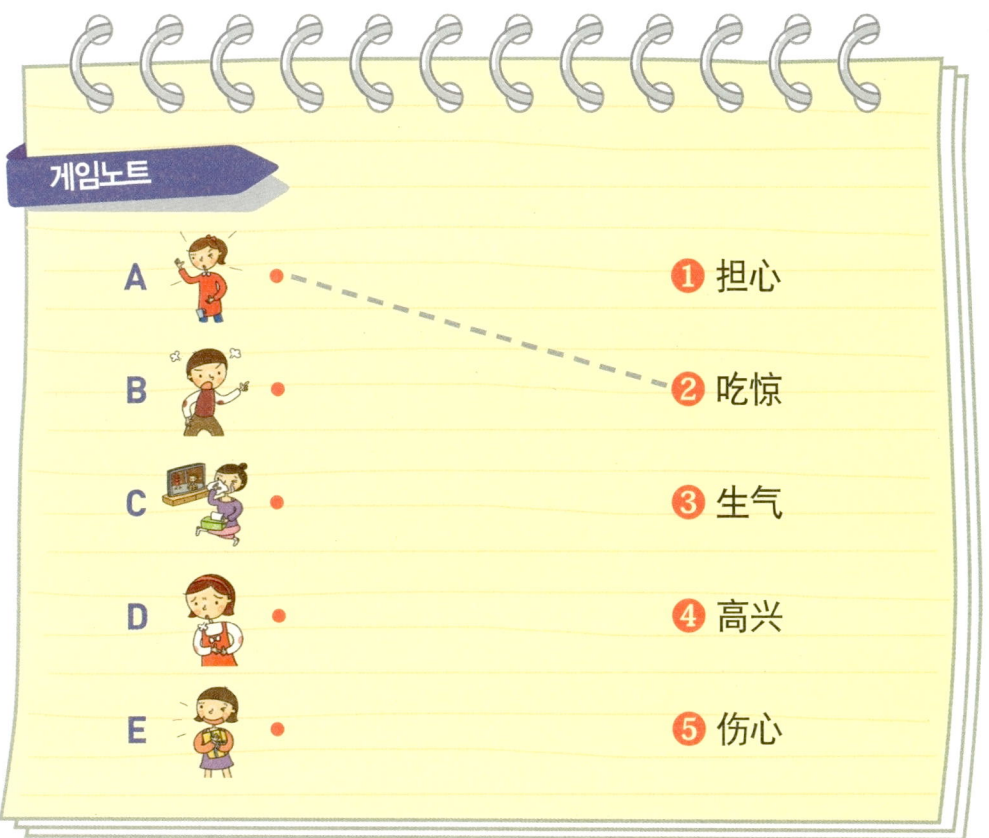

### 게임노트

A ● ----------- ❶ 担心

B ● ❷ 吃惊

C ● ❸ 生气

D ● ❹ 高兴

E ● ❺ 伤心

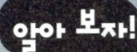

# Kankan

물건의 상태를 나타내는 단어들은 중국어로 뭘까요?

大 크다
dà

小 작다
xiǎo

长 길다
cháng

短 짧다
duǎn

轻 가볍다
qīng

高 높다
gāo

矮 낮다
ǎi

厚 두껍다
hòu

薄 얇다
báo

**01**

A Nǐ shìshi zhè jiàn yīfu.
你试试这**件衣服**。 이 옷 좀 입어 봐.

B Hǎo, wǒ lái shìshi.
好，我来试试。 좋아, 입어 볼게.

중국어에서 동사를 두 번 중복하여 쓰면 '~을 좀 해 보다'라는 뜻이 됩니다. A 문장에도 '시도하다'라는 뜻의 동사 试 shì를 중복하여 试试로 썼으니 '좀 시도해 보다'의 뜻이 되겠지요? B 문장에 쓰인 来 lái는 특별한 의미가 있는 게 아니라, 어떤 일을 하려는 적극적인 태도를 나타냅니다.

(双)鞋
(shuāng) xié
신발

(条)裤子
(tiáo) kùzi
바지

(顶)帽子
(dǐng) màozi
모자

(件) T恤
(jiàn) t-xù
셔츠

**Tip** 件 jiàn은 의복 등을 세는 단위입니다. 장갑, 신발처럼 짝이 있는 물건을 셀 때는 双 shuāng, 바지처럼 길쭉하게 생긴 것은 条 tiáo, 모자처럼 꼭지가 있는 것은 顶 dǐng이라는 양사를 씁니다.

**02** **A** Zěnmeyàng? Héshì ma?
怎么样?　合适吗? 어때? 맞아?

　　**B** Yǒu diǎnr xiǎo.
有点儿小。 조금 작아.

A 문장의 怎么样 zěnmeyàng은 '어떠한가'라고 물을 때 쓰는 말입니다. 입어 본 옷의 크기가 알맞은지 묻는 것이지요. B 문장의 有点儿 yǒu diǎnr은 형용사 앞에 쓰여 '약간'이라는 뜻을 나타냅니다. 조금 불만스럽거나 부정적인 일에 쓰이죠. 상태를 나타내는 형용사들을 넣어 '약간 ~하다'라는 구문을 연습해 봅시다.

大
dà
크다

小
xiǎo
작다

长
cháng
길다

短
duǎn
짧다

**03**

**A** Tā xué Hànyǔ xué le duō cháng shíjiān?
他学汉语学了多长时间? 그는 중국어를 얼마 동안 배웠니?

**B** Xué le sān nián.
学了3年。 3년 배웠어.

'얼마 동안'이라는 의미는 多长时间 duō cháng shíjiān을 써서 표현합니다. '무엇을 얼마 동안 배웠니?'라는 말은 [무엇을 배웠다 + 얼마 동안 배웠나?]라고 분리해서 말할 수 있습니다. 이 질문에 대한 대답은 [배웠다 + 기간]의 형식으로 합니다.

钢琴
gāngqín
피아노

跆拳道
Táiquándào
태권도

游泳
yóu yǒng
수영

画画儿
huà huàr
그림 그리다

**Tip** 多는 '많다'라는 뜻의 형용사지만 A 문장처럼 의문문에서 '얼마나'라는 뜻의 부사로도 쓰일 수 있다는 것을 알아 두세요.

**04**

A 他说汉语说得怎么样?
Tā shuō Hànyǔ shuō de zěnmeyàng?
그는 중국어를 잘하니?

B 说得很好。
Shuō de hěn hǎo.
아주 잘해.

동사나 형용사 뒤에 **得 de**를 써 주면 동작이나 사물의 상태가 어떤지 그 정도를 표현할 수 있습니다. A, B 문장에서 **说得**는 '말하는 것이(정도가)'로 해석할 수 있는데, 이때 **怎么样?**을 뒤에 붙이면 '말하는 것이(정도가) 어때?'라는 묻는 문장이 됩니다. 대답은 **说得** 뒤에 **很好**, **不好** 등을 써서, 말을 '잘한다, 못한다' 등으로 나타낼 수 있습니다.

**韩语**
Hányǔ
한국어

**英语**
Yīngyǔ
영어

**日语**
Rìyǔ
일본어

**法语**
Fǎyǔ
프랑스어

**1**

오늘은 중국어 연극을 발표하는 날,
 친구들은 무대뒤에서 발표 준비로 바쁘네요.

拉拉:
Lāla
你试试这件衣服。
Nǐ shìshi zhè jiàn yīfu.

东东:
Dōngdong
好，我来试试。
Hǎo, wǒ lái shìshi.

拉拉:
怎么样？ 合适吗？
Zěnmeyàng? Héshì ma?

东东:
有点儿小。
Yǒu diǎnr xiǎo.

拉拉:
那试试大一号的。
Nà shìshi dà yí hào de.

오늘 중국어 연극의 주인공은 둥둥이었어요.
무대 위에서 유창한 중국어로 대사를 읊는 모습이 정말 멋있었죠.

**美美:** 他学汉语学了多长时间?
Měimei
Tā xué Hànyǔ xué le duō cháng shíjiān?

**哈哈:** 学了3年。
Hāha
Xué le sān nián.

**美美:** 他说汉语说得怎么样?
Tā shuō Hànyǔ shuō de zěnmeyàng?

**哈哈:** 说得很好。
Shuō de hěn hǎo.

### 단어와 낱말

CD 2 Track-09

| | |
|---|---|
| 试 shì 동 시도하다 | 的 de 조 ~한 것 |
| 这 zhè 대 이, 이것 | 学 xué 동 배우다 |
| 件 jiàn 양 벌 [옷을 세는 단위] | 汉语 Hànyǔ 명 중국어 |
| 衣服 yīfu 명 옷 | 多 duō 형 많다 부 얼마나 |
| 来 lái 동 ~가 하다 [적극적인 태도 표시] | 长 cháng 형 길다 |
| 合适 héshì 형 적당하다, 알맞다, 적합하다 | 时间 shíjiān 명 시간 |
| 小 xiǎo 형 작다 | 年 nián 명 해, 년 |
| 那 nà 접 그러면, 그렇다면 (= 那么 nàme) | 说 shuō 동 말하다 |
| 大 dà 형 크다 | 得 de 조 ~하는 정도 [동사·형용사의 정도를 표현] |
| 号 hào 명 사이즈 | |

**1** 녹음을 듣고 대화와 어울리는 그림을 고르세요.

**1**

**2**

**2** 녹음을 듣고 내용과 일치하면 ○, 일치하지 않으면 ×에 체크하세요.

**1** 东东学日语学了四年。
Dōngdong xué Rìyǔ xué le sì nián.

**2** 东东说日语说得非常好。
Dōngdong shuō Rìyǔ shuō de fēicháng hǎo.

**3** 녹음을 잘 듣고 빈칸에 알맞은 중국어를 써 넣으세요.

보기    说　来　试　得　合

**1**

你 〔　〕试这件衣服。
Nǐ　shì　shi zhè jiàn yīfu.

好，我 〔　〕试试。
Hǎo, wǒ　lái　shìshi.

怎么样? 〔　〕适吗?
Zěnmeyàng?　Hé　shì ma?

**2**

他 〔　〕汉语说得怎么样?
Tā　shuō　Hànyǔ shuō de zěnmeyàng?

说 〔　〕很好。
Shuō de　hěn hǎo.

Shuoshuo 말해 보자!

**1** 다음 그림을 보고 대화를 만들어 보세요.

**1**

A 你试试这 _____ 。
Nǐ shìshi zhè　dǐng màozi.

B 好，我来试试。
Hǎo, wǒ lái shìshi.

**2**

A 怎么样?　合适吗?
Zěnmeyàng? Héshì ma?

B 有点儿 _____ 。
Yǒu diǎnr　　cháng.

**3**

A 她学 _____ 学了多长时间?
Tā xué　gāngqín　xué le duō cháng shíjiān?

B 学了3年。
Xué le sān nián.

**2** 한국어를 중국어로 바꾸어 큰 소리로 말해 보세요.

**1**
- **A** 너 이 옷 좀 입어 봐.
- **B** 좋아, 입어 볼게.
- **A** 어때? 맞니?
- **B** 약간 작아.

**2**
- **A** 그는 중국어를 얼마 동안 배웠니?
- **B** 3년 배웠어.
- **A** 그는 중국어를 잘하니?
- **B** 아주 잘해.

놀아 보자!

Wanwan

Finish

start

124

# 주사위를 던져
# 사물의 상태를 살펴봐요!

**게임 방법**

1. 주사위를 던져 나온 숫자만큼 칸을 이동합니다.
2. 그림이 있는 곳에서는 그림이 표현하는 상태를 중국어로 말하고 게임노트에서
   어울리는 단어를 찾아 줄을 연결합니다.
3. 만일 그림 단어를 못 맞히거나 그림과 중국어를 잘못 연결했을 경우에는 이동한
   자리에서 원래 있던 자리로 되돌아가야 합니다.
4. 먼저 목적지에 도착하는 쪽이 이기는 게임입니다.

**게임노트**

A •     ❶ 大

B •     ❷ 矮

C •     ❸ 短

D •     ❹ 轻

E •     ❺ 小

F •     ❻ 高

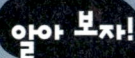

내가 하는 여러 가지 동작은 중국어로 뭘까요?

**唱歌** 노래 부르다
chàng gē

**跳舞** 춤 추다
tiào wǔ

**画画儿** 그림 그리다
huà huàr

**听音乐** 음악 듣다
tīng yīnyuè

**看电影** 영화 보다
kàn diànyǐng

**看电视** TV 보다
kàn diànshì

**看书** 책 읽다
kàn shū

**照相** 사진 찍다
zhàoxiàng

**弹钢琴** 피아노 치다
tán gāngqín

**弹小提琴** 바이올린 켜다
tán xiǎotíqín

**打跆拳道** 태권도 하다
dǎ Táiquándào

**做菜** 요리하다
zuò cài

---

**01**

Nǐ máng bu máng?
A 你忙不忙? 너 바쁘니?

Hái kěyǐ.
B 还可以。 그럭저럭 괜찮아.

---

A 문장은 형용사의 긍정과 부정을 써서 만든 의문문입니다. '바쁘다'라는 뜻의 忙 máng 이라는 형용사와 부정형인 不忙 bù máng을 나란히 쓰면 '너 바빠, 안 바빠?' 즉 '바쁘니?' 라는 말이 됩니다. 忙吗 máng ma?와 같은 뜻이죠.

困
kùn
졸리다

饿
è
배고프다

渴
kě
목마르다

冷
lěng
춥다

**02**　A Wǒmen yìqǐ wánr ba!
我们一起玩儿吧！ 우리 함께 놀자!

B Duìbuqǐ, wǒ xiànzài kàn shū.
对不起，我现在看书。 미안, 나 지금 책 봐.

A 문장의 一起…吧 yìqǐ…ba는 '함께 ~하자'라는 뜻입니다. B 문장에는 '지금·현재'라는 뜻의 现在 xiànzài와 '책을 보다'라는 뜻의 看书 kàn shū가 나란히 쓰여 '지금 책을 본다(보고 있다)'라는 의미가 되었습니다. 이렇게 현재 시제는 现在와 같은 단어를 쓰면 그 뜻이 분명해집니다.

看电视
kàn diànshì
텔레비전을 보다

听音乐
tīng yīnyuè
음악을 듣다

学习
xuéxí
공부하다

玩儿游戏
wánr yóuxì
게임을 하다

**03**

Tā zhèngzài gàn shénme?

A 他正在干什么? 그는 지금 뭐 하니?

Tā zhèngzài xuéxí ne.

B 他正在学习呢。 그는 지금 공부해.

正在 zhèngzài는 '마침 ~하고 있는 중이다'라는 뜻으로, 어떤 동작의 진행이나 지속을 나타내는 부사입니다. B 문장에 쓰인 呢 ne는 동작이나 상태가 계속되고 있음을 나타내는 어기조사입니다. 여러 가지 동작을 넣어서 연습해 봅시다.

唱歌
chàng gē
노래 부르다

跳舞
tiào wǔ
춤 추다

画画儿
huà huàr
그림 그리다

做菜
zuò cài
요리하다

**04**

**A** *Zuótiān dǎ diànhuà de shíhou, tā yě zài xuéxí.*

昨天打电话的时候，他也在学习。

어제 전화할 때도 그는 공부하고 있었어.

**B** *Yàoshi nǐ míngtiān dǎ diànhuà, tā yídìng yě zài xuéxí.*

要是你明天打电话，他一定也在学习。

만약 네가 내일 전화해도 그는 분명히 공부하고 있을 거야.

A, B 문장 모두 동사 앞에 在 zài가 쓰여 동작이 진행 중임을 나타냅니다. 昨天 zuótiān 과 明天 míngtiān 같은 시간을 나타내는 단어를 써서 각각 과거에 '~을 하고 있었다'라 는 과거 진행형과 미래에 '~을 하고 있을 것이다'라는 미래 진행형을 나타냅니다. B 문장 의 要是 yàoshi는 '만약 ~라면'이라는 뜻의 가정을 나타냅니다.

**洗脸**
*xǐ liǎn*
세수하다

**睡觉**
*shuì jiào*
잠자다

**玩儿游戏**
*wánr yóuxì*
게임을 하다

**听音乐**
*tīng yīnyuè*
음악 듣다

라라는 친구들과 공놀이를 하고 싶어서
제일 먼저 둥둥에게 전화를 걸었어요.
둥둥은 뭘 하고 있을까요?

| | | |
|---|---|---|
| 拉拉:<br>Lāla | 喂，你好！你忙不忙？<br>Wéi,　nǐ hǎo!　Nǐ máng bu máng? | |
| 东东:<br>Dōngdōng | 还可以。有什么事儿吗？<br>Hái kěyǐ.　Yǒu shénme shìr ma? | |
| 拉拉: | 我们一起玩儿吧！<br>Wǒmen yìqǐ wánr ba! | |
| 东东: | 对不起，我现在看书。<br>Duìbuqǐ,　wǒ xiànzài kàn shū. | |

**2**

라라는 하하와 함께 놀기로 했어요.

동동도 함께 놀면 좋을 텐데,

동동이 요새 공부에 푹 빠져 있나 봐요.

哈哈: **他正在干什么?**
Hāha  Tā zhèngzài gàn shénme?

拉拉: **他正在学习呢。**
Lāla  Tā zhèngzài xuéxí ne.

哈哈: **昨天打电话的时候, 他也在学习。**
Zuótiān dǎ diànhuà de shíhou, tā yě zài xuéxí.

拉拉: **要是你明天打电话, 他一定也在学习。**
Yàoshi nǐ míngtiān dǎ diànhuà, tā yídìng yě zài xuéxí.

CD 2 **Track-14**

## 단어와 낱말

喂 wèi(=wéi) 감탄 어이, 여보세요

忙 máng 형 바쁘다

还可以 hái kěyǐ 그런대로 괜찮다

有 yǒu 동 있다

一起 yìqǐ 부 함께

对不起 duìbuqǐ 미안합니다

看 kàn 동 보다

书 shū 명 책

正在 zhèngzài 부 마침 ~하는 중이다

学习 xuéxí 동 공부하다

呢 ne 조 동작이 계속됨을 표시

昨天 zuótiān 명 어제

打电话 dǎ diànhuà 전화를 걸다

也 yě 부 ~도, 또한

在 zài 부 지금(막) ~하고 있다

要是 yàoshi 접 만일 ~이라면

一定 yídìng 부 반드시

**1** 녹음을 듣고 대화와 어울리는 그림을 고르세요.

**2** 녹음을 듣고 내용과 일치하면 ○, 일치하지 않으면 ×에 체크하세요.

**1** 东东很忙。
Dōngdong hěn máng.

**2** 东东现在睡觉。
Dōngdong xiànzài shuì jiào.

**3** 녹음을 잘 듣고 빈칸에 알맞은 중국어를 써 넣으세요.

보기 在　起　正　呢　现

**1**

我们一 □ 玩儿吧！
Wǒmen yì qǐ wánr ba!

对不起，我 □ 在看书。
Duìbuqǐ, wǒ xiàn zài kàn shū.

**2**

他 □ 在干什么?
Tā zhèng zài gàn shénme?

他 正在 学习 □ 。
Tā zhèngzài xuéxí ne.

昨天打电话的时候， 他也 □ 学习。
Zuótiān dǎ diànhuà de shíhou, tā yě zài xuéxí.

**1** 다음 그림을 보고 대화를 만들어 보세요.

**1**

**A** 你 ⬜ 不 ⬜ ？
　　Nǐ　è　bu　è?

**B** 还可以。
　　Hái kěyǐ.

**2**

**A** 我们一起玩儿吧！
　　Wǒmen yìqǐ wánr ba!

**B** 对不起，我现在 ⬜ 。
　　Duìbuqǐ,　wǒ xiànzài　tīng yīnyuè.

**3**

**A** 她正在干什么?
　　Tā zhèngzài gàn shénme?

**B** 她正在 ⬜ 呢。
　　Tā zhèngzài　shuì jiào　ne.

136

**2** 한국어를 중국어로 바꾸어 큰 소리로 말해 보세요.

**1**  A  여보세요, 안녕! 너 바쁘니?

　　 B  그저 그래. 무슨 일인데?

　　 A  우리 함께 놀자!

　　 B  미안해, 나 지금 책 읽어.

**2**  A  그는 지금 뭐 하니?

　　 B  그는 지금 공부하는 중이야.

　　 A  어제 전화했을 때도 공부하는 중이었어.

　　 B  만약 네가 내일 전화해도
　　　　 그는 분명히 공부하고 있을 거야.

# 주사위를 던져
# 피라미드를 정복해요!

**게임 방법**

1. 주사위를 던져 나온 숫자만큼 칸을 이동합니다.
2. 그림이 있는 곳에서는 그림의 동작을 중국어로 말하고 게임노트에서 그 그림에
   어울리는 단어를 찾아 줄을 연결합니다.
3. 만일 동작을 못 맞히거나 동작과 중국어를 잘못 연결했을 경우에는 이동한 자리
   에서 원래 있던 자리로 되돌아가야 합니다.
4. 먼저 피라미드 꼭대기에 도착하는 쪽이 이기는 게임입니다.

**게임노트**

A ● - - - - - - - - - - - - - - - - - ❶ 照相

B ● ❷ 唱歌

C ● ❸ 弹钢琴

D ● ❹ 打跆拳道

E ● ❺ 跳舞

F ● ❻ 画画儿

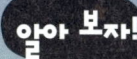

# Kankan

세계 여러 나라 도시 이름은 중국어로 뭘까요?

首尔 서울
Shǒu'ěr

北京 베이징
Běijīng

上海 상하이
Shànghǎi

香港 홍콩
Xiānggǎng

华盛顿 워싱턴
Huáshèngdùn

伦敦 런던
Lúndūn

巴黎 파리
Bālí

柏林 베를린
Bólín

东京 도쿄
Dōngjīng

**01**

A Zhè běn shū nǐ kàn le ma?
这本书你看了吗? 이 책 봤니?

B Kàn le.
看了。 봤어.

看 kàn은 '보다'라는 뜻이죠. 그렇다면 '보았다'라는 말은 중국어로 어떻게 할까요? 바로 看了 kàn le입니다. 여기서 了 le는 동사 또는 형용사 뒤에 쓰여 동작 또는 변화가 이미 완료되었음을 나타내 줍니다. 그리고 '보았니?'라는 질문은 문장 끝에 吗를 써서 看了吗? 라고 표현합니다. 책이나 영화 등의 단어를 넣어서 연습해 봅시다.

(本)小说
(běn) xiǎoshuō
소설

(本)杂志
(běn) zázhì
잡지

(部)电影
(bù) diànyǐng
영화

(封)信
(fēng) xìn
편지

**02**

A 那本书你看了吗? 그 책 봤니?
Nà běn shū nǐ kàn le ma?

B 还没看。 아직 안 봤어.
Hái méi kàn.

'봤니?'라는 질문에 긍정으로 대답할 때는 看了 kàn le, 부정으로 대답할 때는 没(有)看 méi(yǒu) kàn이라고 말합니다. B 문장의 还 hái는 '아직'이라는 뜻의 부사이며, '아직 ~ 하지 않았다'라는 표현은 还没를 써서 나타냅니다. 여러 가지 단어와 함께 쓰이는 양사, 동사를 넣어 연습해 봅시다.

(个)菜，吃
(ge) cài, chī
음식, 먹다

(个)饮料，喝
(ge) yǐnliào, hē
음료수, 마시다

(封)信，写
(fēng) xìn, xiě
편지, 쓰다

(首)歌，唱
(shǒu) gē, chàng
노래, 부르다

**03**

Nǐ qùguo bówùguǎn ma?

A 你去过博物馆吗? 너 박물관 가 봤니?

Qùguo yí cì.

B 去过一次。 한 번 가 봤어.

A 문장의 过 guo는 과거의 경험을 나타냅니다. 즉, 去 qù가 '가다'라는 뜻이면, 去过 qù guo는 '가 본 적이 있다'라는 뜻입니다. B 문장에서는 '한 번'이라는 뜻의 一次 yí cì를 써서 경험한 횟수를 표현하였습니다. 여러 가지 장소를 넣어 연습해 봅시다.

北京
Běijīng
베이징

东京
Dōngjīng
도쿄

巴黎
Bālí
파리

华盛顿
Huáshèngdùn
워싱턴

144

**04**

A 那么你去过美术馆吗?
*Nàme nǐ qùguo měishùguǎn ma?*
그럼 미술관 가 봤니?

B 还没去过。
*Hái méi qùguo.*
아직 안 가 봤어.

A 문장의 **那么** nàme는 '그렇다면'이라는 뜻입니다. 앞의 문장에서 어떤 사실을 확인한 후에 다음 말을 이어갈 때 쓰는 말이죠. 일반적으로 去过吗 qùguo ma? 하고 물었을 때 긍정적인 대답은 去过 qùguo, 부정적인 대답은 没(有)去过 méi(yǒu) qùguo입니다. 중국의 명소들을 넣어 연습해 봅시다.

颐和园
**Yíhéyuán**
이화원

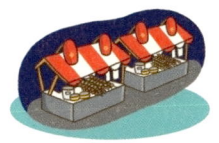

王府井
**Wángfǔjǐng**
왕푸징

长城
**Chángchéng**
만리장성

故宫
**Gùgōng**
고궁

1

라라와 동동은 도서관에 갔어요.
라라는 책벌레 동동이 얼마나 많은 책을 읽었는지 궁금해요.

拉拉:　　　这本书你看了吗?
Lāla　　　Zhè běn shū nǐ kàn le ma?

东东:　　　看了。
Dōngdong　Kàn le.

拉拉:　　　那本书你看了吗?
　　　　　Nà běn shū nǐ kàn le ma?

东东:　　　还没看。
　　　　　Hái méi kàn.

그림을 좋아하는 미미는 개구쟁이 하하가
박물관이나 미술관에 가 봤는지 물어봅니다.

**美美:** 你去过博物馆吗?
Měimei  Nǐ qùguo bówùguǎn ma?

**哈哈:** 去过一次。
Hāha  Qùguo yí cì.

**美美:** 那么你去过美术馆吗?
Nàme nǐ qùguo měishùguǎn ma?

**哈哈:** 还没去过。
Hái méi qùguo.

 **단어와 낱말**

CD 2 **Track-19**

本 běn 〔양〕 권 [책을 세는 단위]

了 le 〔조〕 이미 완료된 동작, 예정되거나 가정적인
　　　동작 등에 사용되는 어기조사

那 nà 〔대〕 그, 그것

还 hái 〔부〕 아직

没 méi 〔동〕 없다(=没有 méiyǒu)

过 guo 〔조〕 ~한 적이 있다

博物馆 bówùguǎn 〔명〕 박물관

次 cì 〔양〕 번, 횟수

那么 nàme 〔접〕 그러면, 그렇다면

美术馆 měishùguǎn 〔명〕 미술관

들어 보자!

**1** 녹음을 듣고 대화와 어울리는 그림을 고르세요.

**2** 녹음을 듣고 내용과 일치하면 O, 일치하지 않으면 X에 체크하세요.

**1** 哈哈没去过北京。
Hāha méi qùguo Běijīng.

**2** 哈哈去过故宫。
Hāha qùguo Gùgōng.

**3** 녹음을 잘 듣고 빈칸에 알맞은 중국어를 써 넣으세요.

**1**

这 本 书 你 ____ 了 吗?
Zhè běn shū nǐ  kàn  le ma?

看 ____ 。
Kàn  le.

我 还 ____ 看。
Wǒ hái  méi  kàn.

**2**

你 去 ____ 博物馆 吗?
Nǐ qù  guo  bówùguǎn ma?

去 过 一 ____ 。
Qùguo yí  cì.

1 다음 그림을 보고 대화를 만들어 보세요.

**1**

A 这 _____ 你看了吗?
　Zhè 　běn shū 　nǐ kàn le ma?

B 看了。
　Kàn le.

**2**

A 那 _____ 你 _____ 了吗?
　Nà 　fēng xìn 　nǐ 　xiě 　le ma?

B 还没 _____ 。
　Hái méi 　xiě.

**3**

A 你去过 _____ 吗?
　Nǐ qùguo 　Běijīng 　ma?

B 还没去过。
　Hái méi qùguo.

**2**  한국어를 중국어로 바꾸어 큰 소리로 말해 보세요.

**1**  **A** 이 책 봤니?

  **B** 봤어.

  **A** 그 책 봤니?

  **B** 아직 안 봤어.

**2**  **A** 너 박물관 가 봤니?

  **B** 한 번 가 봤어.

  **A** 그러면 미술관 가 봤니?

  **B** 아직 안 가 봤어.

놀아 보자!

# Wanwan

Start

주사위를 던져
세계 도시를 살펴봐요!

**게임 방법**

1. 주사위를 던져 나온 숫자만큼 칸을 이동합니다.
2. ★ 표시가 있는 지점은 지름길이니 화살표 방향으로 꺾을 수 있습니다.
3. 그림이 있는 곳에서는 그림의 도시를 중국어로 말하고
   게임노트에서 그 도시에 해당하는 중국어를 찾아 줄을 연결합니다.
4. 만일 도시 이름을 못 맞히거나 도시와 중국어를 잘못 연결했을 경우에는 이동한
   자리에서 원래 있던 자리로 되돌아가야 합니다.
5. 한 바퀴를 먼저 돌아 나오는 쪽이 이기는 게임입니다.

**게임노트**

A •                    ❶ 巴黎

B •                    ❷ 上海

C •                    ❸ 华盛顿

D •                    ❹ 东京

E •                    ❺ 首尔

F •                    ❻ 伦敦

# 11

# 快要放暑假了！
## 곧 여름방학이야!

**이번 과에서는요**

중국어로는 미래 시제를 어떻게 표현할까요? 미래를 나타내는 다양한
표현과 앞으로 계획한 일들을 말해 보세요.

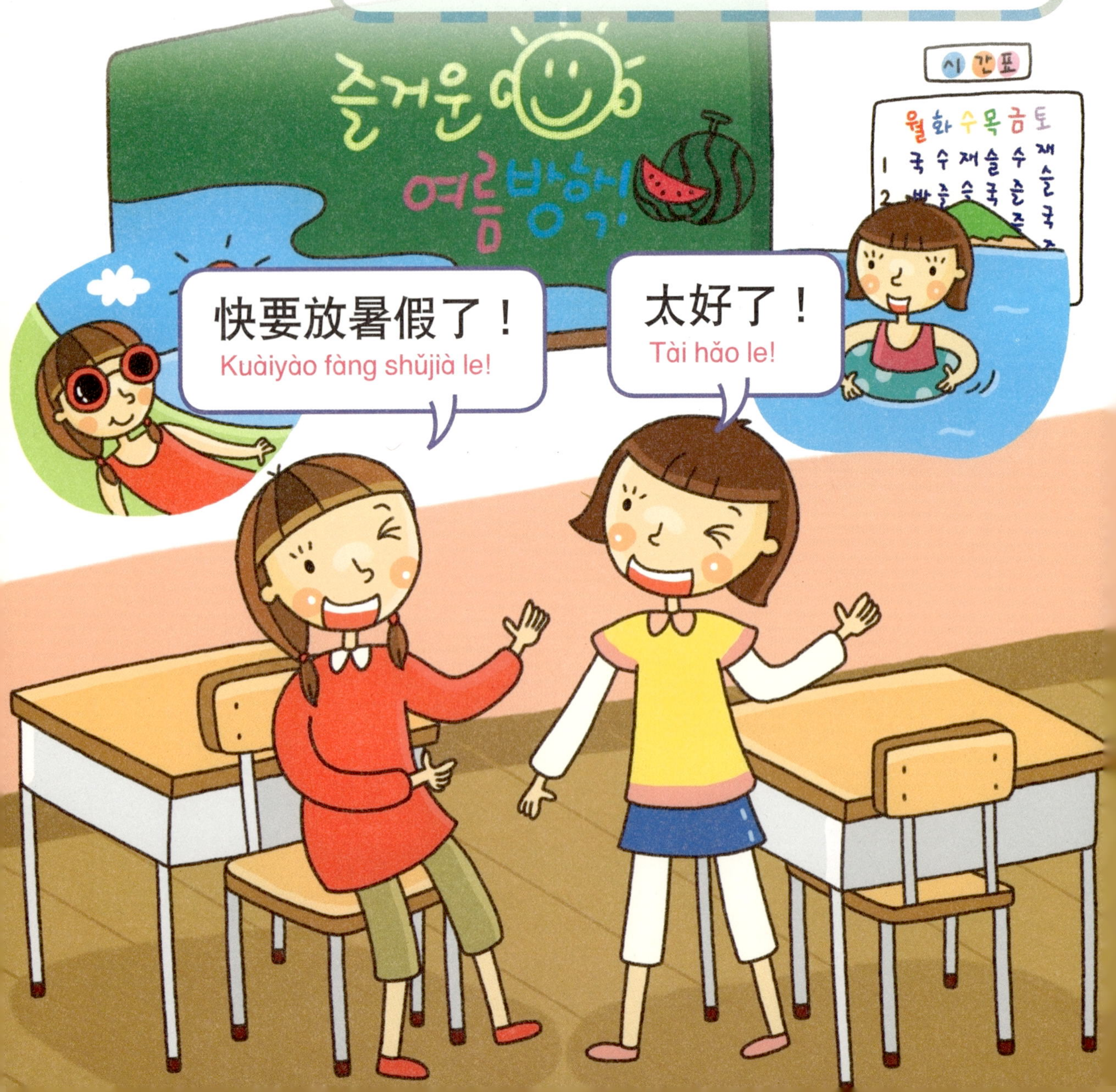

快要放暑假了！
Kuàiyào fàng shǔjià le!

太好了！
Tài hǎo le!

학교와 수업에 관련된 단어들은 중국어로 뭘까요?

**学校** 학교
xuéxiào

**教室** 교실
jiàoshì

**老师** 선생님
lǎoshī

**学生** 학생
xuésheng

**上课** 수업하다
shàng kè

**下课** 수업을 마치다
xià kè

**英语** 영어
Yīngyǔ

**韩语** 한국어
Hányǔ

**数学** 수학
shùxué

**01**

**A** Wǒ míngtiān qù lǎoshī jiā.
我**明天**去老师家。 나는 내일 선생님 댁에 가.

**B** Gēn wǒ yìqǐ qù ba!
跟我一起去吧！ 나랑 같이 가자!

중국어의 시제는 시간을 나타내는 단어를 이용해서 나타냅니다. A 문장에서는 주어 **我** 뒤에 '내일'이라는 뜻의 **明天** míngtiān을 써서 미래를 나타냈습니다. 시간을 나타내는 다른 단어들을 넣어서 말해 보세요.

今天
jīntiān
오늘

后天
hòutiān
모레

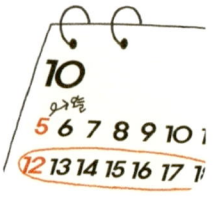

下个星期
xià ge xīngqī
다음 주

下个月
xià ge yuè
다음 달

**02**

A
**Wǒmen jǐ diǎn chūfā?**
我们几点出发? 우리 몇 시에 출발하지?

B
**Shàngwǔ shí diǎn chūfā ba.**
上午十点出发吧。 오전 10시에 출발하자.

A가 '우리 몇 시에 출발하지?'라고 묻자 B는 上午十点 Shàngwǔ shídiǎn이라고 '오전 10시'라는 구체적인 시간으로 대답했습니다. 다양한 시간을 넣어서 말해 보세요.

早上八点
zǎoshang bā diǎn
아침 8시

下午五点
xiàwǔ wǔ diǎn
오후 5시

晚上九点
wǎnshang jiǔ diǎn
저녁 9시

下午两点
xiàwǔ liǎngdiǎn
오후 2시

**03**

**A** Kuàiyào fàng shǔjià le!
快要放暑假了！ 곧 여름방학이 된다!

**B** Tài hǎo le!
太好了！ 너무 좋아!

A 문장의 快要…了 kuàiyào…le는 '곧 ~하다'라는 뜻을 나타내므로 快要放暑假了는 '곧 여름방학이 된다'라는 표현입니다. B 문장의 太好了 tài hǎo le!는 '아주 좋다'라는 뜻입니다. 太 tài는 동사나 형용사 앞에 쓰여 감탄을 나타내는데, 보통 뒤에 了 le가 따라옵니다.

放寒假
fàng hánjià
겨울 방학이 되다

儿童节
Értóng jié
어린이날

中秋节
Zhōngqiū jié
추석

圣诞节
Shèngdàn jié
크리스마스

**04**

Nǐ yǒu shénme ānpái?

**A** 你有什么安排？ 년 무슨 계획이 있니?

Wǒ yào qù nǎinai jiā.

**B** 我要去奶奶家。 할머니 댁에 갈 거야.

安排 ānpái는 '안배·배치·계획'이라는 뜻으로, 특별한 일정이나 스케줄을 의미하죠. 要 yào는 동사의 뜻을 보충해 주는 조동사로, '~할 것이다·~하려고 한다'라는 의지를 나타냅니다. 방학 때 무슨 계획이 있는지 말해 보세요.

**去中国**
qù Zhōngguó
중국에 가다

**去旅游**
qù lǚyóu
여행 가다

**学汉语**
xué Hànyǔ
중국어를 배우다

**看电影**
kàn diànyǐng
영화를 보다

**1**

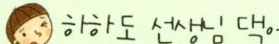

🙂 동동은 선생님 댁에 가기로 했어요.
어쩐 일인지 말썽꾸러기 🙁 하하도 선생님 댁에
함께 가겠다고 하네요.

| | |
|---|---|
| 东东:<br>Dōngdong | 我明天去老师家。<br>Wǒ míngtiān qù lǎoshī jiā. |
| 哈哈:<br>Hāha | 跟我一起去吧！<br>Gēn wǒ yìqǐ qù ba! |
| 东东: | 我们几点出发？<br>Wǒmen jǐ diǎn chūfā? |
| 哈哈: | 上午十点出发吧。<br>Shàngwǔ shí diǎn chūfā ba. |
| 东东: | 好的，明天见！<br>Hǎo de, míngtiān jiàn! |

곧 신나는 여름방학이에요.
방학이 되면 무엇을 할까?  미미는 즐거운 계획이 있나 봐요.

拉拉: **快要放暑假了！**
Lāla　Kuàiyào fàng shǔjià le!

美美: **太好了！**
Měimei　Tài hǎo le!

拉拉: **你有什么安排？**
Nǐ yǒu shénme ānpái?

美美: **我要去奶奶家。**
Wǒ yào qù nǎinai jiā.

拉拉: **好羡慕你！**
Hǎo xiànmù nǐ!

CD 2 Track-24

## 단어와 낱말

老师 lǎoshī 〈명〉 선생님

跟 gēn 〈전〉 ~와

出发 chūfā 〈동〉 출발하다

上午 shàngwǔ 〈명〉 오전

好的 hǎo de 좋아, 좋다

见 jiàn 〈동〉 만나다

快要…了 kuàiyào…le 〈부〉 곧(머지않아) ~하다

放 fàng 〈동〉 (학교·직장이) 놀다, 쉬다, 파하다

暑假 shǔjià 〈명〉 여름방학

太 tài 〈부〉 매우

安排 ānpái 〈명〉〈동〉 계획(하다)

要 yào 〈조동〉 ~할 것이다, ~하려고 하다

奶奶 nǎinai 〈명〉 할머니

羡慕 xiànmù 〈동〉 부러워하다

**1** 녹음을 듣고 대화와 어울리는 그림을 고르세요.

**1**

**2**

**2** 녹음을 듣고 내용과 일치하면 ○, 일치하지 않으면 ×에 체크하세요.

**1** 快要放暑假了。
Kuàiyào fàng shǔjià le.

**2** 美美要去旅游。
Měimei yào qù lǚyóu.

**3** 녹음을 잘 듣고 빈칸에 알맞은 중국어를 써 넣으세요.

보기 跟　明　安　要　快

**1**
我 ⬜ 天去老师家。
Wǒ　míng　tiān qù lǎoshī jiā.

⬜ 我一起去吧！
Gēn　wǒ yìqǐ qù ba!

**2**
⬜ 要放暑假了！
Kuài　yào fàng shǔjià le!

你有 什么 ⬜ 排?
Nǐ yǒu shénme　ān　pái?

我 ⬜ 去奶奶家。
Wǒ　yào　qù nǎinai jiā.

**1** 다음 그림을 보고 대화를 만들어 보세요.

**1**

**A** 我 ＿＿＿＿＿＿ 去老师家。
Wǒ　xià ge xīngqī　qù lǎoshī jiā.

**B** 跟我一起去吧！
Gēn wǒ yìqǐ qù ba!

**2**

**A** 我们几点出发?
Wǒmen jǐ diǎn chūfā?

**B** ＿＿＿＿＿＿ 出发吧。
Wǎnshang jiǔ diǎn chūfā ba.

**3**

**A** 你有什么安排?
Nǐ yǒu shénme ānpái?

**B** 我要 ＿＿＿＿＿＿ 。
Wǒ yào　qù lǚyóu.

**2** 한국어를 중국어로 바꾸어 큰 소리로 말해 보세요.

**1**
A 나는 내일 선생님 댁에 가.

B 나랑 같이 가자!

A 우리 몇 시에 출발할까?

B 오전 10시에 출발하자.

**2**
A 곧 여름방학이 된다!

B 너무 좋아!

A 넌 무슨 계획이 있니?

B 난 할머니 댁에 갈 거야.

finish

start

166

# 길을 먼저 찾고, 더 많은 단어를 연결해요!

## 게임 방법

1. 줄기를 빠져 나가는 길을 찾아갑니다.
2. 목적지에 도착한 후 게임노트의 그림과 중국어를 알맞게 연결합니다.
3. 모든 단어를 먼저 다 연결하는 쪽이 이기는 게임입니다.

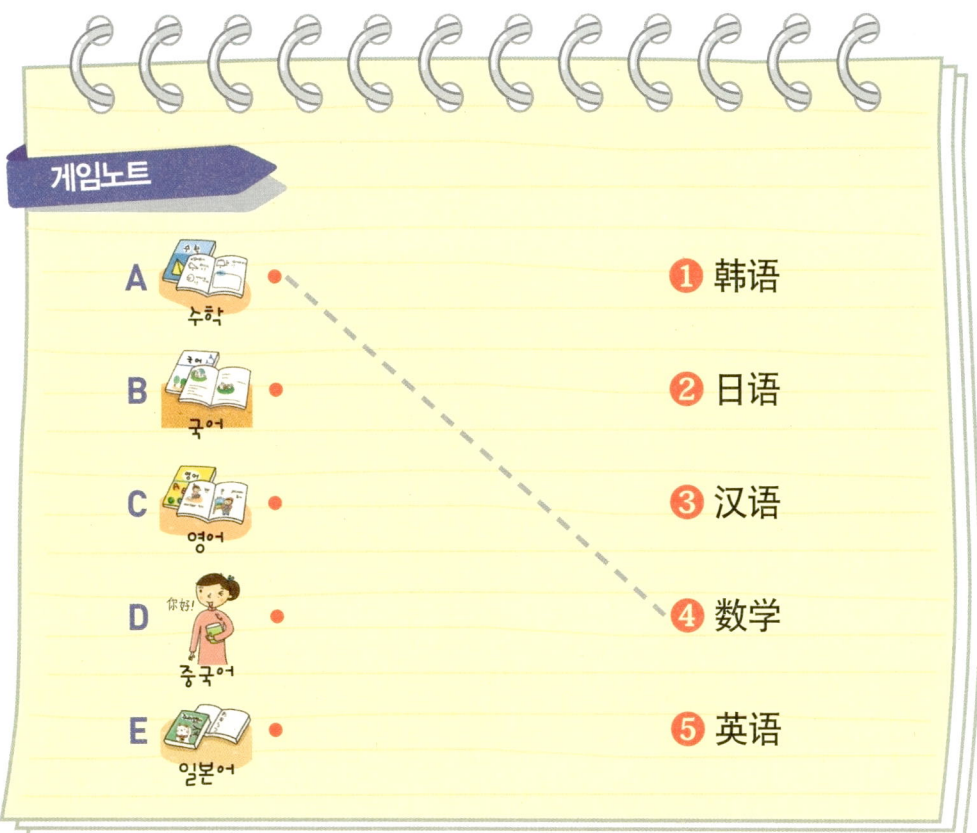

# 能吃辣的吗?

## 매운 것 먹을 수 있니?

CD 2 Track-26

**이번 과에서는요**

어떤 일을 할 때, 배우지 않고 할 수 있는 일도 있지만 배워야 할 수 있는 일도 있지요? 다양한 능력에 대한 중국어 표현을 배웁니다.

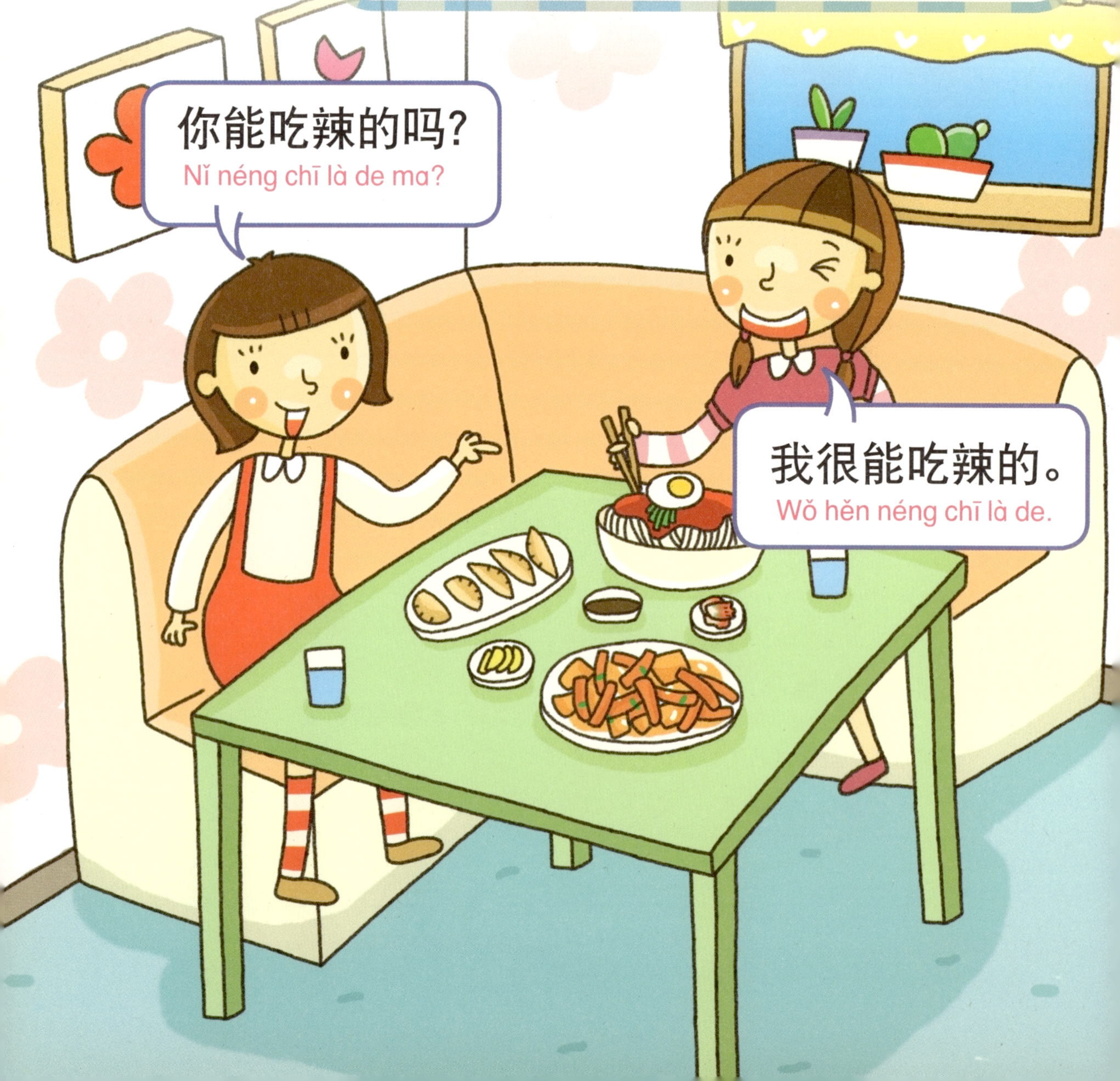

你能吃辣的吗?
Nǐ néng chī là de ma?

我很能吃辣的。
Wǒ hěn néng chī là de.

다양한 맛은 중국어로 뭘까요?

菜 음식
cài

吃 먹다
chī

甜 달다
tián

咸 짜다
xián

酸 시다
suān

辣 맵다
là

苦 쓰다
kǔ

淡 싱겁다
dàn

油腻 느끼하다
yóunì

**01**

A Nǐ huì yóu yǒng ma?
你会游泳吗?　수영할 줄 아니?

B Dāngrán huì ya!
当然会呀!　당연히 할 줄 알아!

会 huì는 '~을 할 수 있다, 할 줄 알다'라는 뜻의 조동사입니다. 주로 운동이나 외국어처럼 배워서 할 수 있는 것에 쓰이죠. 할 줄 안다면 会를 쓰고 할 줄 모른다면 不会를 써서 대답합니다.

滑滑板
huá huábǎn
스노우보드를 타다

说汉语
shuō Hànyǔ
중국어를 하다

说英语
shuō Yīngyǔ
영어를 하다

骑自行车
qí zìxíngchē
자전거를 타다

**02**

**A** 　Wǒ jiāo nǐ yóu yǒng, zěnmeyàng?
我教你游泳，怎么样？ 내가 너에게 수영을 가르쳐 주면 어때?

**B** 　Nà tài hǎo le!　Xièxie!
那太好了！谢谢！ 그럼 너무 좋지! 고마워!

教 jiāo는 '가르치다'라는 뜻의 동사입니다. 怎么样 zěnmeyàng은 '어떠한가'라는 뜻의 의문사라고 했죠? 따라서 A 문장은 '내가 너에게 수영을 가르쳐 주면 어때?'라는 뜻입니다. 내가 다른 친구들에게 무엇을 가르쳐 줄 수 있는지 단어를 넣어 연습해 봅시다.

画画儿
huà huàr
그림 그리다

骑自行车
qí zìxíngchē
자전거를 타다

弹钢琴
tán gāngqín
피아노를 치다

打跆拳道
dǎ Táiquándào
태권도 하다

**03**

Nǐ néng chī là de ma?

A 你能吃辣的吗? 너 매운 것 먹을 수 있니?

Wǒ hěn néng chī là de.

B 我很能吃辣的。 나 매운 것 아주 잘 먹어.

能 néng은 '~을 할 수 있다'라는 뜻의 조동사예요. 우리말 해석은 会 huì와 같지만 쓰임새는 조금 다릅니다. 能 néng은 배워서 할 수 있는 게 아니라, 원래 어떤 능력을 갖추고 있음을 나타냅니다. 매운 음식을 잘 먹는 것은 배워서 되는 게 아니므로, 원래 매운 것을 잘 먹는다고 보는 게 맞겠죠?

苦
kǔ
쓰다

咸
xián
짜다

油腻
yóunì
느끼하다

酸
suān
시다

**04**

*Zhème duō de cài nǐ néng chī xiàqu ma?*

**A** 这么多的**菜**你能**吃**下去吗? 이렇게 많은 음식을 먹을 수 있니?

*Méi wèntí!*

**B** 没问题! 문제없어!

A 문장의 **吃下去** chī xiàqu는 먹는 행동을 지속한다는 의미입니다. 여기에서는 **能**과 함께 '이렇게 많은 음식을 과연 먹을 수 있겠느냐, 그런 능력이 있느냐'라는 뜻으로 쓰였죠. 동사 뒤에 **下去**를 쓰면 미래에까지 상황이 이어짐을 나타냅니다. 여러 가지 단어와 그에 알맞는 동사를 넣어서 **下去**의 어감을 익혀 봅시다.

**牛奶, 喝**
niúnǎi, hē
우유, 마시다

**书, 读**
shū, dú
책, 읽다

**字, 写**
zì, xiě
글자, 쓰다

**作业, 做**
zuòyè, zuò
숙제, 하다

**1**

동동과 하하는 일요일에 함께 수영장에 가기로 했어요.
그런데 문제가 하나 있답니다.
동동이 수영을 잘 못한다는 거죠.

东东: 你会游泳吗?
Dōngdong　Nǐ huì yóu yǒng ma?

哈哈: 当然会呀！
Hāha　Dāngrán huì ya!

东东: 我一点儿也不会。
Wǒ yìdiǎnr yě bú huì.

哈哈: 我教你游泳， 怎么样?
Wǒ jiāo nǐ yóu yǒng, zěnmeyàng?

东东: 那太好了！ 谢谢！
Nà tài hǎo le! Xièxie!

**2**

라라와 미미는 분식집에 갔어요. 라라는 쫄면이랑 떡볶이를 시키고, 매운 것을 잘 못 먹는 미미는 군만두를 추가했습니다. 시키고 보니 양이 너무 많네요.

美美: **你能吃辣的吗?**
Měimei  Nǐ néng chī là de ma?

拉拉: **我很能吃辣的。**
Lāla  Wǒ hěn néng chī là de.

美美: **这么多的菜你能吃下去吗?**
Zhème duō de cài nǐ néng chī xiàqu ma?

拉拉: **没问题!**
Méi wèntí!

**단어와 낱말**

会 huì 〔조동〕 ~할 수 있다

游泳 yóu yǒng 〔동〕 수영하다

当然 dāngrán 〔부〕 당연히, 물론

呀 ya 〔조〕 문장 끝에서 어감을 살릴 때 사용( = 啊)

一点儿 yìdiǎnr 〔수량〕 조금

教 jiāo 〔동〕 가르치다

那 nà 〔접〕 그러면, 그렇다면( = 那么 nàme)

谢谢 xièxie 감사합니다, 고맙습니다

能 néng 〔조동〕 ~할 수 있다

辣 là 〔형〕 맵다

菜 cài 〔명〕 요리

下去 xiàqu (동사 뒤에 쓰여서) 계속하다

没问题 méi wèntí 문제없다

들어 보자!

**1** 녹음을 듣고 대화와 어울리는 그림을 고르세요.

 1

2

**2** 녹음을 듣고 내용과 일치하면 O, 일치하지 않으면 ×에 체크하세요.

1 哈哈会滑滑板。
Hāha huì huá huábǎn.

2 哈哈教东东滑雪。
Hāha jiāo Dōngdong huá xuě.

**3** 녹음을 잘 듣고 빈칸에 알맞은 중국어를 써 넣으세요.

보기 能　当　很　会　一

**1**

你 ⬚ 游泳吗?
Nǐ　huì　yóu yǒng ma?

⬚ 然会呀！
Dāng　rán huì ya!

我 ⬚ 点儿也不会。
Wǒ　yì　diǎnr　yě bú huì.

**2**

你 ⬚ 吃辣的吗?
Nǐ　néng　chī là de ma?

我 ⬚ 能吃辣的。
Wǒ　hěn　néng chī là de.

말해 보자!

## Shuoshuo

**1** 다음 그림을 보고 대화를 만들어 보세요.

你好!

**A** 你会 [　　　　] 吗?
　　Nǐ huì shuō Hànyǔ ma?

**B** 当然会呀!
　　Dāngrán huì ya!

**A** 你 能 吃 [　] 的吗?
　　Nǐ néng chī kǔ de ma?

**B** 我 很 能 吃 [　] 的。
　　Wǒ hěn néng chī kǔ de.

**A** 这么 多 的 [　] 你能
　　Zhème duō de zì nǐ néng

　　[　] 下去吗?
　　xiě xiàqu ma?

**B** 没问题!
　　Méi wèntí!

**2** 한국어를 중국어로 바꾸어 큰 소리로 말해 보세요.

**1**

A 너 수영할 줄 아니?

B 당연히 할 줄 알지!

A 나는 조금도 할 줄 몰라.

B 내가 너에게 수영을 가르쳐 주면 어때?

**2**

A 너 매운 것 먹을 수 있니?

B 나 매운 것 아주 잘 먹어.

A 이렇게 많은 음식을 먹을 수 있니?

B 문제없어!

놀아 보자!

Finish

start

# 주사위를 던져 음식 맛을 탐합해요!

## 게임 방법

1. 주사위를 던져 나온 숫자만큼 칸을 이동합니다.
2. 그림이 있는 곳에서는 그림에 해당하는 맛을 중국어로 말하고 게임노트에서 그 그림에 어울리는 단어를 찾아 줄을 연결합니다.
3. 만일 맛을 못 맞히거나 맛과 중국어를 잘못 연결했을 경우에는 이동한 자리에서 원래 있던 자리로 되돌아가야 합니다.
4. 먼저 목적지에 도착하는 쪽이 이기는 게임입니다.

## 게임노트

| | | | | |
|---|---|---|---|---|
| A | 싱겁다 | ● | ❶ | 淡 |
| B | 쓰다 | ● | ❷ | 甜 |
| C | 달다 | ● | ❸ | 苦 |
| D | 맵다 | ● | ❹ | 油腻 |
| E | 짜다 | ● | ❺ | 辣 |
| F | 느끼하다 | ● | ❻ | 咸 |

정답과 녹음

해석

단어 색인

# 정답과 녹음

## Lesson 01

**들어 보자**

**1.** **1**

**녹음** 现在几点了？/ 现在一点半了。

**2**

**녹음** 你今天几点起床？/ 七点起床。

**2.** **1** ×    **2** ○

**녹음**

妈妈：快起床！

哈哈：现在几点了？

妈妈：七点了。

妈妈：你今天几点下课？

哈哈：三点下课。

**3.** **1** 起, 几, 今    **2** 时, 吧

**녹음**

**1** 妈妈：快起床！

哈哈：现在几点了？

妈妈：你今天几点下课？

**2** 哈哈：我们什么时候踢球？

拉拉：明天踢球吧。

**말해 보자**

**1.** **1** 五点二十（分）

**2** 起床

**3** 看电影

**2.** **1** A 现在几点了？

B 八点了。

A 你今天几点下课？

B 两点下课。

**2** A 我们什么时候踢球？

B 明天踢球吧。

A 好，那么明天见吧。

B 明天见！

**놀아 보자**

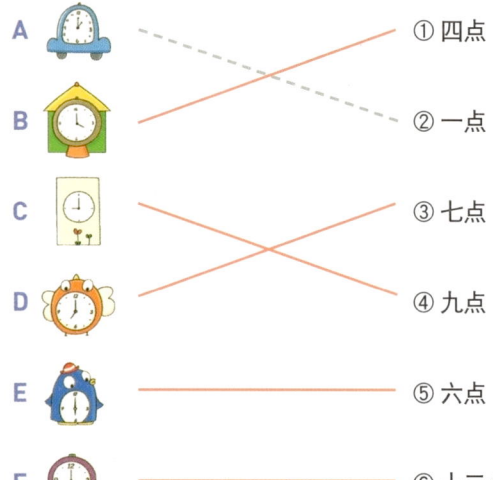

184

## Lesson 02

들어 보자

**1.** 1

녹음 爸爸在哪儿? / 他在厨房。

2

녹음 你去哪儿? / 我去图书馆。

**2.** 1 ○　　　2 ✕

녹음

拉拉: 美美, 你去哪儿?
美美: 我去商店。
拉拉: 你去商店买什么?
美美: 要买一支活动铅笔。

**3.** 1 哪, 在　　2 去, 店, 套

녹음

1 哈哈: 爸爸在哪儿?
　妈妈: 他在厕所。

2 拉拉: 你去哪儿?
　美美: 我去文具店。
　　　　要买一套蜡笔。

말해 보자

**1.** 1 客厅
2 商店
3 (三本)笔记本

**2.** 1 A 爸爸在哪儿?
B 他在洗手间。
A 遥控器在哪儿?
B 遥控器在电视上面。

2 A 你去哪儿?
B 我去文具店。
A 你去文具店买什么?
B 要买一套蜡笔。

놀아 보자

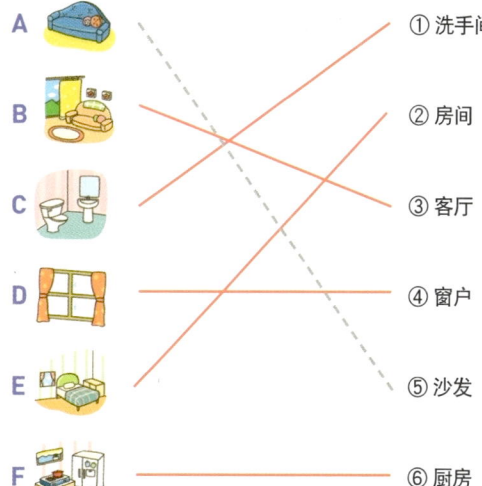

A ⑤ 沙发
B ③ 客厅
C ① 洗手间
D ④ 窗户
E ② 房间
F ⑥ 厨房

185

## Lesson 03

1. ①

녹음 你住在哪儿? / 我住在北京。

②

녹음 你家离学校远吗? / 很远。

2. ① ○          ② ×

녹음

奶奶: 请问, 商店怎么走?

拉拉: 往右拐。

奶奶: 离这儿远吗?

拉拉: 不远。

3. ① 住, 在          ② 怎, 往, 离

녹음

① 东东: 你住在哪儿?

　哈哈: 我住在木洞。

② 奶奶: 请问, 地铁站怎么走?

　拉拉: 往前走。

　奶奶: 离这儿远吗?

말해 보자

1. ① 首尔

　② 超市

　③ 往左拐

2. ① A 你住在哪儿?

　　B 我住在木洞。

　　A 你家离学校远不远?

　　B 有点儿远。

② A 请问, 地铁站怎么走?

　　B 往前走。

　　A 离这儿远吗?

　　B 不太远。

놀아 보자

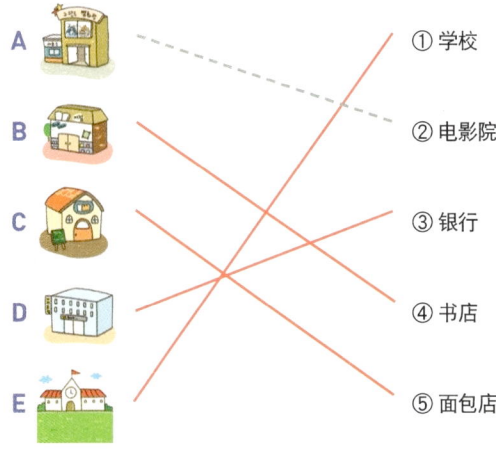

A —— ① 学校

B —— ② 电影院

C —— ③ 银行

D —— ④ 书店

E —— ⑤ 面包店

**2.** 1 ×      2 ○

녹음

哈哈：今天星期几？

东东：星期四。

哈哈：东东，周末你打算干什么？

东东：我打算去超市。

**3.** 1 月，号，生      2 干，去

녹음

1 美美：今天几月几号？

拉拉：今天四月三号。

美美：祝你生日快乐！

2 哈哈：周末你打算干什么？

东东：我打算去图书馆。

## Lesson 04

들어 보자

**1.** 1

 5月5日   8月15日   12月25日

녹음 今天几月几号？ / 今天十二月二十五号。

2

 星期一    星期六    星期天

녹음 今天星期几？ / 星期六。

말해 보자

**1.** 1 三月十五号

2 春节，一月一号

3 星期天

**2.** 1 A 今天是我的生日！

B 真的？祝你生日快乐！

A 对了，你生日是几月几号？

B 我生日是七月二十二号。

2 A 今天星期几？

B 星期三。

A 周末打算干什么？

B 我打算去图书馆。

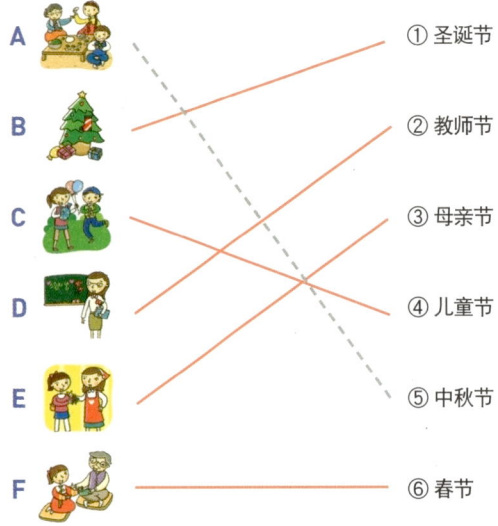

A ─────────── ① 圣诞节

B ─────────── ② 教师节

C ─────────── ③ 母亲节

D ─────────── ④ 儿童节

E ─────────── ⑤ 中秋节

F ─────────── ⑥ 春节

---

**2.** ❶ ×        ❷ ○

哈哈：你喜欢什么季节？

美美：我喜欢春天。

哈哈：为什么？

美美：因为春天很暖和，可以赏花！

**3.** ❶ 气，玩，怎      ❷ 节，夏

❶ 爸爸：今天天气真好！

   东东：我们出去玩儿吧！

   爸爸：明天天气怎么样？

❷ 哈哈：你喜欢什么季节？

   美美：我喜欢夏天。

---

## Lesson 05

**1.** ❶

明天天气怎么样？/ 天气预报说，明天下雪。

❷

你喜欢什么季节？/ 我喜欢秋天。

---

**1.** ❶ 还可以

   ❷ 冬天

   ❸ 下雪

**2.** ❶ A 今天天气怎么样？

    B 今天天气真好！

    A 明天天气怎么样？

    B 天气预报说，明天下雨。

   ❷ A 你喜欢什么季节？

    B 我喜欢夏天。

    A 为什么？

    B 因为夏天很热，可以吃很多冰淇淋！

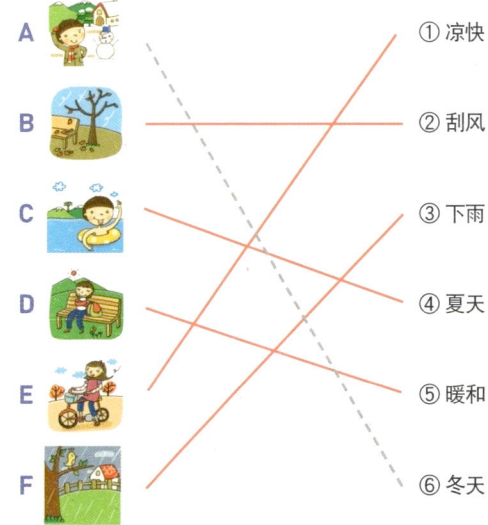

A ① 凉快

B ② 刮风

C ③ 下雨

D ④ 夏天

E ⑤ 暖和

F ⑥ 冬天

## Lesson 06

**1.** **1**

녹음 你怎么了? / 我头疼。

**2**

녹음 你哪儿不舒服? / 好像闹肚子了。

---

**2.** **1** ○      **2** ×

녹음

大夫: 拉拉，你哪儿不舒服?

拉拉: 好像生病了。

大夫: 发烧吗?

拉拉: 发烧。还拉肚子。

**3.** **1** 么, 了, 别      **2** 服, 好

녹음

**1** 美美: 你怎么了?

哈哈: 我牙疼。

现在不疼了。

**2** 大夫: 你哪儿不舒服?

拉拉: 好像感冒了。

**1.** **1** 肚子

**2** 生病

**3** 咳嗽

**2.** **1** A 你怎么了?

B 我牙疼。

A 赶快去牙科医院吧！

B 现在不疼了。

**2** A 你哪儿不舒服?

B 好像感冒了。

A 发烧吗?

B 发烧。还流鼻涕。

A　　　　　　　　① 手

B　　　　　　　　② 嘴

C　　　　　　　　③ 脚

D　　　　　　　　④ 眼睛

E　　　　　　　　⑤ 腿

F　　　　　　　　⑥ 脸

2. **1** ×　　　　　　　　**2** ×

🔊 녹음

拉拉: 哈哈，看来你很不高兴。

哈哈: 没错！

拉拉: 什么事儿?

哈哈: 英语考试我得了三十分！

3. **1** 看, 没, 什　　　**2** 吧, 心

🔊 녹음

**1** 拉拉: 看来你很高兴。

　　哈哈: 没错！

　　拉拉: 什么事儿?

**2** 东东: 你很伤心吧?

　　美美: 很伤心。

---

## Lesson 07

1. **1**

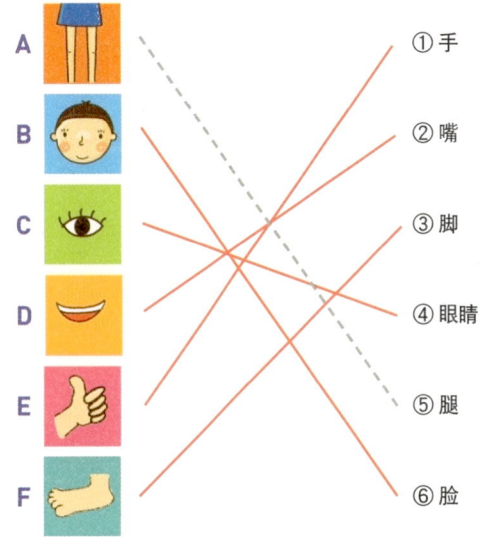

🔊 녹음　看来你很不高兴。/ 没错！

**2**

🔊 녹음　你很痛苦吧? / 很痛苦。

1. **1** 高兴
　 **2** 英语
　 **3** 生气

2. **1** A 看来你很高兴。
　　 B 没错！
　　 A 什么事儿?
　　 B 汉语考试我得了一百分！

　 **2** A 你怎么这么没精打采呀?
　　 B 我的朋友要转学。
　　 A 你很伤心吧?
　　 B 很伤心。

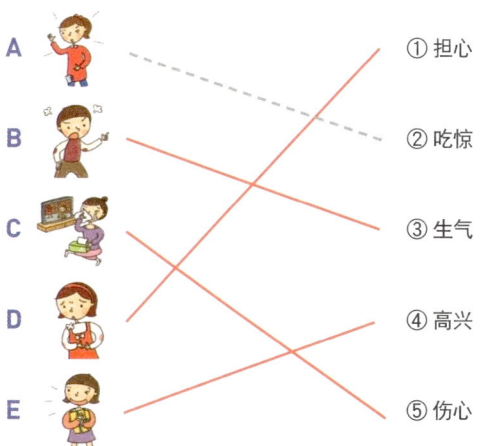

A　　①担心

B　　②吃惊

C　　③生气

D　　④高兴

E　　⑤伤心

---

## Lesson 08

들어 보자

**1.** 🔳

녹음　怎么样? 合适吗? / 有点儿大。

🔳

녹음　他说英语说得怎么样? / 说得很好。

**2.** 🔳 ×　　　　　　　🔳 ×

녹음

美美: 东东学日语学了多长时间?

哈哈: 学了一年。

美美: 他说日语说得怎么样?

哈哈: 说得不太好。

**3.** 🔳 试, 来, 合　　　🔳 说, 得

녹음

🔳 拉拉: 你试试这件衣服。

东东: 好, 我来试试。

拉拉: 怎么样? 合适吗?

🔳 美美: 他说汉语说得怎么样?

哈哈: 说得很好。

1. **1** 顶帽子

   **2** 长

   **3** 钢琴

2. **1** A 你试试这件衣服。

   B 好，我来试试。

   A 怎么样？合适吗？

   B 有点儿小。

   **2** A 他学汉语学了多长时间？

   B 学了3年。

   A 他说汉语说得怎么样？

   B 说得很好。

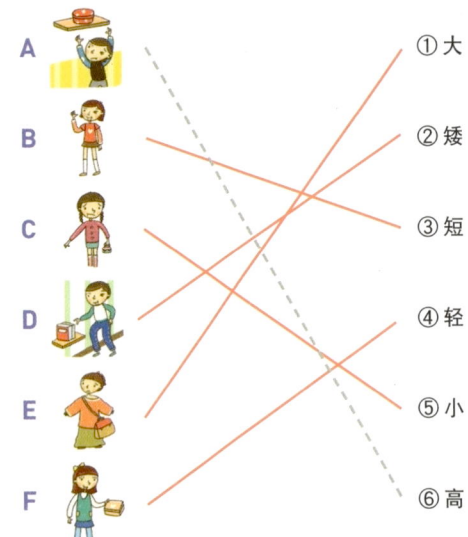

A
B
C
D
E
F

① 大
② 矮
③ 短
④ 轻
⑤ 小
⑥ 高

---

## Lesson 09

1. **1**

녹음 我们一起玩儿吧！/ 对不起，我现在看电视。

**2**

녹음 他正在干什么？/ 他正在唱歌呢。

2. **1** ○         **2** ×

   녹음

   拉拉：喂，东东，你好！你忙不忙？

   东东：很忙。有什么事儿吗？

   拉拉：我们一起玩儿吧！

   东东：对不起，我现在学习。

3. **1** 起，现         **2** 正，呢，在

   녹음

   **1** 拉拉：我们一起玩儿吧！

   东东：对不起，我现在看书。

   **2** 哈哈：他正在干什么？

   拉拉：他正在学习呢。

   哈哈：昨天打电话的时候，他也在学习。

192

1. **1** 饿

   **2** 听音乐

   **3** 睡觉

2. **1** A 喂，你好！你忙不忙？

   B 还可以。有什么事儿吗？

   A 我们一起玩儿吧！

   B 对不起，我现在看书。

   **2** A 他正在干什么？

   B 他正在学习呢。

   A 昨天打电话的时候，他也在学习。

   B 要是你明天打电话，他一定也在学习。

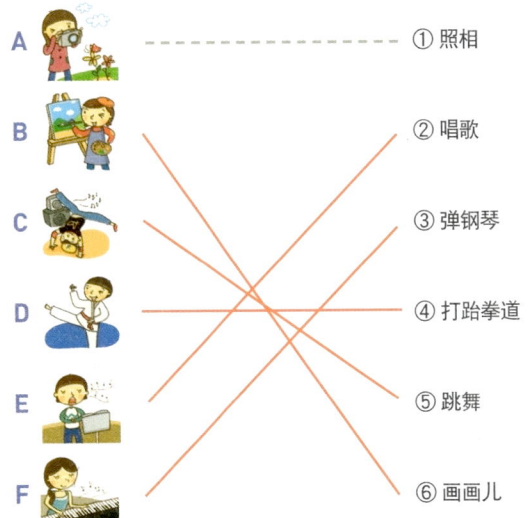

A ——————————————— ① 照相

B ② 唱歌

C ③ 弹钢琴

D ④ 打跆拳道

E ⑤ 跳舞

F ⑥ 画画儿

---

## Lesson 10

1. **1**

녹음 这部电影你看了吗？ / 看了。

**2**

녹음 那么你去过长城吗？ / 去过。

2. **1** ×      **2** ×

녹음

美美：哈哈，你去过北京？

哈哈：去过两次。

美美：那么你去过故宫吗？

哈哈：还没去过。

3. **1** 看, 了, 没      **2** 过, 次

녹음

**1** 拉拉：这本书你看了吗？

东东：看了。

拉拉：我还没看。

**2** 美美：你去过博物馆吗？

哈哈：去过一次。

1. **1** 本书

   **2** 封信，写

   **3** 北京

2. **1** A 这本书你看了吗?

   B 看了。

   A 那本书你看了吗?

   B 还没看。

   **2** A 你去过博物馆吗?

   B 去过一次。

   A 那么你去过美术馆吗?

   B 还没去过。

놀아 보자

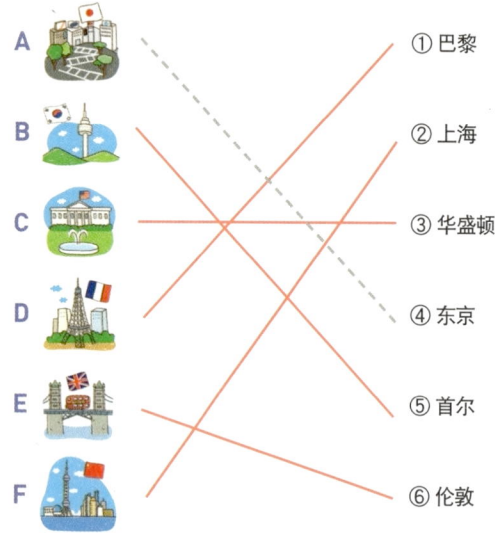

A ①巴黎

B ②上海

C ③华盛顿

D ④东京

E ⑤首尔

F ⑥伦敦

## Lesson 11

들어 보자

1. **1**

녹음 我们几点出发? / 下午五点出发吧。

**2**

녹음 你有什么安排? / 我要去中国。

2. **1** ×　　　　　**2** ○

녹음

拉拉: 快要放寒假了!

美美: 太好了!

拉拉: 美美，你有什么安排?

美美: 我要去旅游。

拉拉: 好羡慕你!

3. **1** 明，跟　　　　**2** 快，安，要

녹音

**1** 东东: 我明天去老师家。

哈哈: 跟我一起去吧!

**2** 美美: 快要放暑假了!

拉拉: 你有什么安排?

美美: 我要去奶奶家。

1. **1** 下个星期

   **2** 晚上九点

   **3** 去旅游

2. **1** A 我明天去老师家。

   B 跟我一起去吧！

   A 我们几点出发?

   B 上午十点出发吧。

   **2** A 快要放暑假了！

   B 太好了！

   A 你有什么安排?

   B 我要去奶奶家。

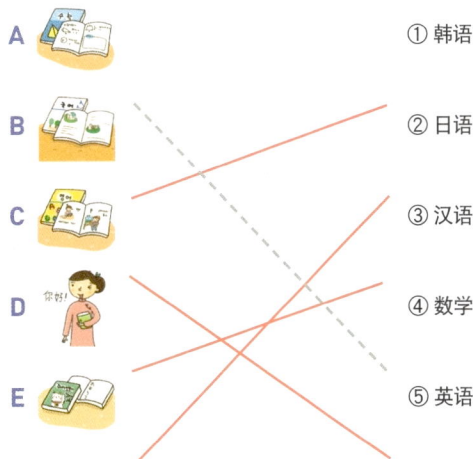

A ① 韩语

B ② 日语

C ③ 汉语

D ④ 数学

E ⑤ 英语

## Lesson 12

1. **1**

녹음 我教你骑自行车，怎么样? / 那太好了！谢谢！

**2**

녹음 你能吃油腻的吗? / 我很能吃油腻的。

**2.** **1** ○ **2** ×

녹음

东东: 哈哈，你会滑滑板吗?

哈哈: 当然会呀！

东东: 我一点儿也不会。

哈哈: 东东，我教你滑滑板，怎么样?

东东: 那太好了！谢谢！

**3.** **1** 会, 当, 一 **2** 能, 很

녹음

**1** 东东: 你会游泳吗?

哈哈: 当然会呀！

东东: 我一点儿也不会。

**2** 美美: 你能吃辣的吗?

拉拉: 我很能吃辣的。

놀아 보자

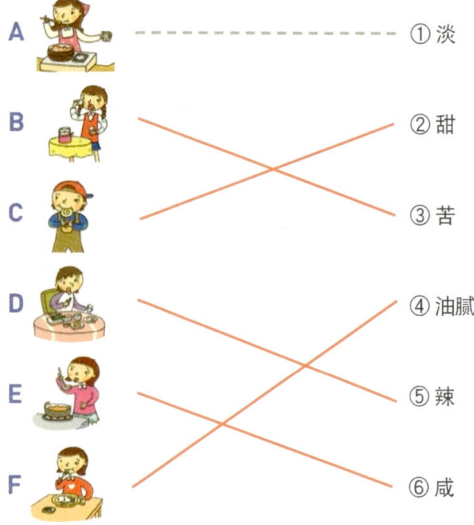

A —————— ① 淡

B ② 甜

C ③ 苦

D ④ 油腻

E ⑤ 辣

F ⑥ 咸

말해 보자

**1.** **1** 说汉语

**2** 苦

**3** 字, 写

**2.** **1** A 你会游泳吗?

B 当然会呀！

A 我一点儿也不会。

B 我教你游泳，怎么样?

**2** A 你能吃辣的吗?

B 我很能吃辣的。

A 这么多的菜你能吃下去吗?

B 没问题！

# 해석

## Lesson 01

핵심 문장

**핵심 문장**

하하: 지금 몇 시니?
라라: 8시야.

**회화**

① 엄마: 어서 일어나!
　하하: 지금 몇 시예요?
　엄마: 8시야.
　(하하가 뛰어 나간다)
　엄마: 너 오늘 몇 시에 수업을 마치니?
　하하: 두 시에 수업을 마쳐요.
② 하하: 우리 언제 축구하지?
　라라: 내일 축구하자.
　하하: 그럼 내일 만나자.
　라라: 내일 만나!

## Lesson 02

**핵심 문장**

라라: 너 어디 가니?
미미: 난 문구점에 가.

**회화**

① 하하: 아빠는 어디 계세요?
　엄마: 그는 화장실에 계셔.
　하하: 리모컨은 어디 있어요?
　엄마: 리모컨은 텔레비전 위에 있어.
② 라라: 너 어디 가니?
　미미: 난 문방구에 가.
　라라: 너 문방구에 가서 무엇을 사니?
　미미: 크레파스 한 세트를 살 거야.

## Lesson 03

**핵심 문장**

할머니: 말 좀 물어보자, 지하철역은 어떻게 가니?
라라: 앞쪽으로 가세요.

**회화**

① 동동: 너는 어디에 사니?
　하하: 나는 목동에 살아.
　동동: 너희 집은 학교에서 머니?
　하하: 약간 멀어.
② 할머니: 말 좀 물어보자, '지하철역은 어떻게 가니?
　라라: 앞쪽으로 가세요.
　할머니: 여기서 머니?
　라라: 그다지 멀지 않아요.

## Lesson 04

**핵심 문장**

라라: 네 생일은 몇 월 며칠이니?
미미: 내 생일은 7월 22일이야.

**회화**

① 미미: 오늘 몇 월 며칠이니?
　라라: 오늘은 4월 3일이야. 오늘은 내 생일이야!
　미미: 정말? 생일 축하해!
　라라: 맞다, 네 생일은 몇 월 며칠이니?
　미미: 내 생일은 7월 22일이야.
② 하하: 오늘은 무슨 요일이니?
　동동: 수요일이야.
　하하: 주말에 너는 무엇을 할 계획이니?
　동동: 나는 도서관에 갈 계획이야.

## Lesson 05

핵심 문장

동동: 오늘 날씨 어때?
미미: 오늘 날씨 참 좋아!

회화

① 동동: 오늘 날씨 어때요?
　아빠: 오늘 날씨 참 좋구나!
　동동: 우리 나가서 놀아요!
　아빠: 좋아!
　　　(저녁)
　동동: 내일은 날씨가 어떨까요?
　아빠: 일기예보에 따르면, 내일 비 온대.
② 하하: 너는 어떤 계절을 좋아하니?
　미미: 나는 여름을 좋아해.
　하하: 왜?
　미미: 왜냐하면 여름에는 더우니까 아이스크림을 많이
　　　먹을 수 있잖아.

## Lesson 06

핵심 문장

의사: 어디가 아프니?
라라: 감기에 걸린 것 같아요.

회화

① 미미: 너 왜 그러니?
　하하: 이가 아파.
　미미: 빨리 치과에 가 봐!
　하하: 이제 아프지 않아.
　미미: 거짓말!
② 의사: 어디가 아프니?
　라라: 감기에 걸린 것 같아요.
　의사: 열이 나니?
　라라: 열이 나요. 그리고 콧물이 흘러요.

## Lesson 07

핵심 문장

하하: 아주 슬프겠구나?
미미: 아주 슬퍼.

회화

① 라라: 너 기분이 아주 좋아 보인다.
　하하: 맞아!
　라라: 무슨 일인데?
　하하: 중국어 시험에서 100점 맞았어!
　라라: 대단하다!
② 동동: 너 왜 이렇게 기운이 없니?
　미미: 내 친구가 전학 가.
　동동: 아주 슬프겠구나?
　미미: 아주 슬퍼.

## Lesson 08

핵심 문장

라라: 어때?
동동: 약간 작아.

회화

① 라라: 너 이 옷 좀 입어 봐.
　동동: 좋아, 입어 볼게.
　라라: 어때? 맞니?
　동동: 약간 작아.
　라라: 그럼 한 사이즈 큰 걸 입어 봐.
② 미미: 그는 중국어를 얼마 동안 배웠니?
　하하: 3년 배웠어.
　미미: 그는 중국어를 잘하니?
　하하: 아주 잘해.

## Lesson 09

하하: 너 지금 뭐 하니?
라라: 나 지금 공부하는 중이야.

회화

① 라라: 여보세요, 안녕! 너 바쁘니?
　동동: 그럭저럭 괜찮아. 무슨 일인데?
　라라: 우리 함께 놀자!
　동동: 미안해, 나 지금 책 읽어.
② 하하: 그는 지금 뭐 하니?
　라라: 그는 지금 공부하는 중이야.
　하하: 어제 전화했을 때도 공부하는 중이었어.
　라라: 만약 네가 내일 전화해도 그는 분명히 공부하고
　　　　있을 거야.


## Lesson 10

핵심 문장

미미: 너 박물관 가 봤니?
하하: 한 번 가 봤어.

회화

① 라라: 이 책 봤니?
　동동: 봤어.
　라라: 그 책 봤니?
　동동: 아직 안 봤어.
② 미미: 너 박물관 가 봤니?
　하하: 한 번 가 봤어.
　미미: 그러면 미술관 가 봤니?
　하하: 아직 안 가 봤어.


## Lesson 11

핵심 문장

라라: 곧 여름방학이 된다!
미미: 너무 좋아!

회화

① 동동: 나는 내일 선생님 댁에 가.
　하하: 나랑 같이 가자!
　동동: 우리 몇 시에 출발할까?
　하하: 오전 10시에 출발하자.
　동동: 좋아, 내일 보자!
② 라라: 곧 여름방학이 된다!
　미미: 너무 좋아!
　라라: 넌 무슨 계획이 있니?
　미미: 난 할머니 댁에 갈 거야.
　라라: 부럽다!


## Lesson 12

핵심 문장

미미: 너 매운 것 먹을 수 있니?
라라: 나 매운 것 아주 잘 먹어.

회화

① 동동: 너 수영할 줄 아니?
　하하: 당연히 할 줄 알지!
　동동: 나는 조금도 할 줄 몰라.
　하하: 내가 너에게 수영을 가르쳐 주면 어때?
　동동: 그러면 너무 좋지! 고마워!
② 미미: 너 매운 것 먹을 수 있니?
　라라: 나 매운 것 아주 잘 먹어.
　미미: 이렇게 많은 음식을 먹을 수 있니?
　라라: 문제없어!

# 단어 색인

여기까지 온 당신은 멋쟁이!

沙发
shāfā

客厅
kètīng

厕所
cèsuǒ

窗户
chuānghu

房间
fángjiān

厨房
chúfáng

电影院
diànyǐngyuàn

소파

2과 집안

화장실

2과 집안

거실

2과 집안

방

2과 집안

창문

2과 집안

영화관

3과 장소

주방

2과 집안

| 面包店 | 书店 |
|--------|------|
| miànbāodiàn | shūdiàn |
| 银行 | 学校 |
| yínháng | xuéxiào |
| 圣诞节 | 教师节 |
| Shèngdàn jié | Jiàoshī jié |
| 母亲节 | 儿童节 |
| Mǔqīn jié | Értóng jié |

서점

제과점

학교

은행

스승의날

성탄절

어린이날

어머니날

中秋节
Zhōngqiū jié

春节
Chūn jié

夏天
xiàtiān

冬天
dōngtiān

凉快
liángkuai

刮风
guā fēng

下雨
xià yǔ

暖和
nuǎnhuo

설날

추석

겨울

여름

바람 불다

시원하다

따뜻하다

비 오다

手
shǒu

嘴
zuǐ

脚
jiǎo

眼睛
yǎnjing

腿
tuǐ

脸
liǎn

担心
dān xīn

吃惊
chī jīng

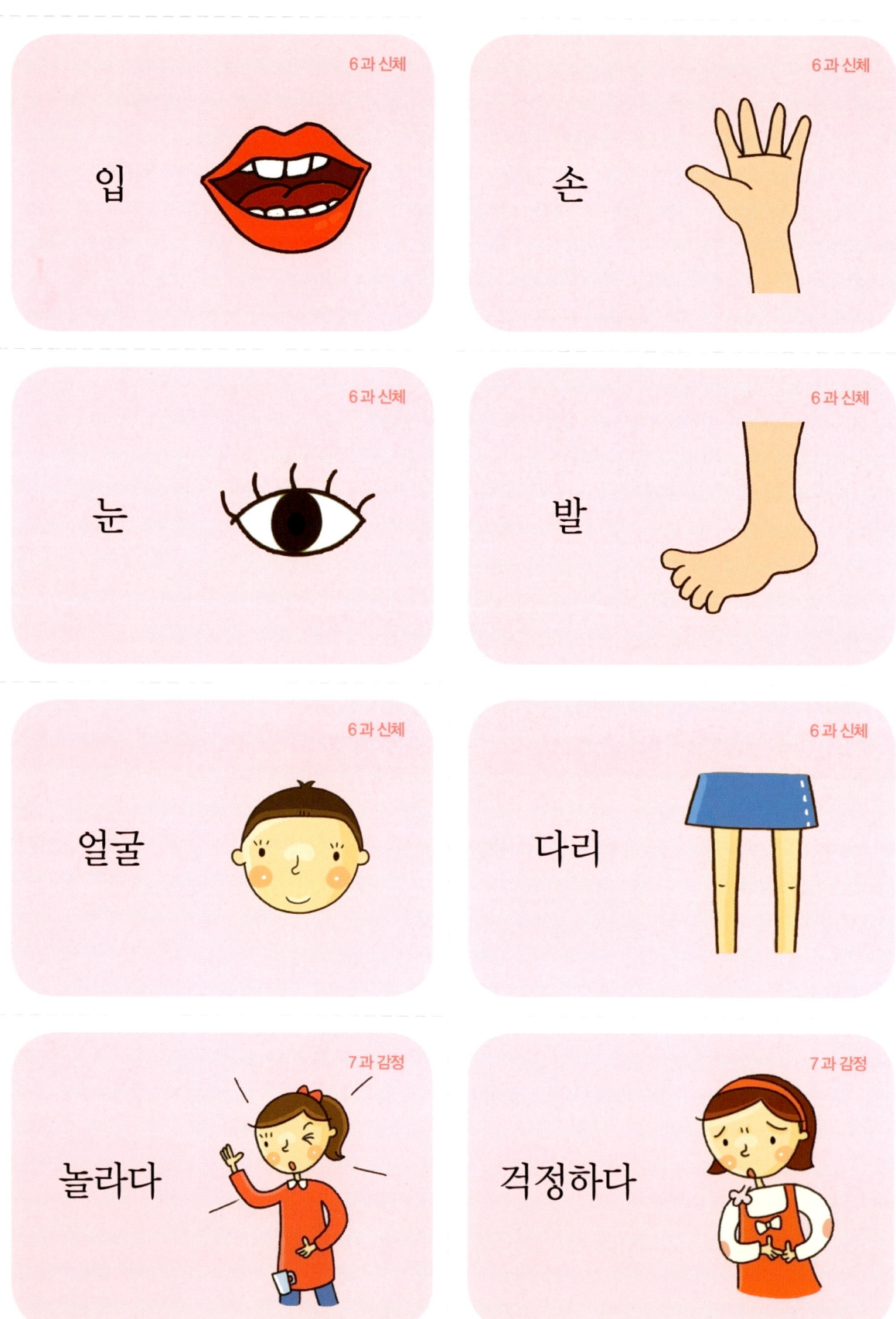

입 　 6과 신체

손 　 6과 신체

눈 　 6과 신체

발 　 6과 신체

얼굴 　 6과 신체

다리 　 6과 신체

놀라다 　 7과 감정

걱정하다 　 7과 감정

216

| | |
|---|---|
| 生气<br>shēng qì | 高兴<br>gāoxìng |
| 伤心<br>shāng xīn | 高<br>gāo |
| 大<br>dà | 小<br>xiǎo |
| 矮<br>ǎi | 短<br>duǎn |

기쁘다

화나다

높다

슬프다

작다

크다

짧다

낮다

轻
qīng

照相
zhàoxiàng

唱歌
chàng gē

弹钢琴
tán gāngqín

打跆拳道
dǎ Táiquándào

跳舞
tiào wǔ

画画儿
huà huàr

巴黎
Bālí

| | |
|---|---|
| 사진 찍다 <br> 9과 동작 | 가볍다 <br> 8과 사물의 상태 |
| 피아노 치다 <br> 9과 동작 | 노래 부르다 <br> 9과 동작 |
| 춤 추다 <br> 9과 동작 | 태권도 하다 <br> 9과 동작 |
| 파리 <br> 10과 세계 도시 | 그림 그리다 <br> 9과 동작 |

| 上海 | 华盛顿 |
|---|---|
| Shànghǎi | Huáshèngdùn |
| 东京 | 首尔 |
| Dōngjīng | Shǒu'ěr |
| 伦敦 | 韩语 |
| Lúndūn | Hányǔ |
| 日语 | 汉语 |
| Rìyǔ | Hànyǔ |

| | |
|---|---|
| 10 과 세계 도시<br>워싱턴  | 10 과 세계 도시<br>상하이  |
| 10 과 세계 도시<br>서울  | 10 과 세계 도시<br>도쿄  |
| 11 과 교과목<br>한국어  | 10 과 세계 도시<br>런던  |
| 11 과 교과목<br>중국어  | 11 과 교과목<br>일본어  |

数学
shùxué

英语
Yīngyǔ

淡
dàn

甜
tián

苦
kǔ

油腻
yóunì

辣
là

咸
xián

영어

수학

달다

싱겁다

느끼하다

쓰다

짜다

맵다